LA GUÍA COMPLETA DE LOS PASTORES AUSTRALIANOS

Descubra y aprenda los mejores consejos y trucos que le enseñarán todo sobre el adiestramiento, la alimentación, la búsqueda, la socialización y el cuidado de su querido cachorro

Por

Anderson Kane

Tabla de contenidos

Introducción

El pastor australiano, considerado adorablemente como un "Aussie", es realmente un perro increíblemente inteligente, extremadamente excitado y amante de los perros, que seguiría encontrando algo que hacer todo el tiempo. Necesitan mucho entrenamiento físico y sin duda se integrarían bien en una familia activa.

Son criados para pastorear selectivamente y pueden querer pastorear cualquier cosa y todo como ardillas alrededor de su casa, pollos, incluso humanos. Los pastores australianos también tienen fuertes cualidades defensivas y les gusta estar cerca de sus dueños todo el tiempo.

Los Aussies, criados antiguamente como perros de granja polivalentes, acaban siendo dejados para vigilar a los niños mientras los padres están ocupados en el campo. Son fantásticos con los niños, salvo por los pellizcos ocasionales que les dan para que se pongan en fila. Son muy optimistas, asertivos y muy territoriales y pueden ser engañosos.

Los pastores australianos son muy protectores de la familia y del hogar, y también desconfían de otras personas. Necesitan mucho movimiento y refuerzo social, o seguirán desarrollando problemas de comportamiento.

Si resulta que está interesado en un perro de familia con un centro de atención a tiempo completo, lleno de vitalidad y exigente con su afecto, quizás un Aussie pueda ser para usted. Pueden ser de buen carácter y profundamente devotos, queriendo complacer. Sin embargo, tendrán que estar en lo más alto de la lista de objetivos.

El temperamento del pastor australiano - No es para todos

El temperamento del Pastor Australiano es el tema de discusión más candente. Lo que es positivo o negativo parece variar para cada persona y criador de perros a un criador de perros. Es bastante normal que su Aussie sea reservado con otras personas y que no se "maquille" inmediatamente con todos los que conoce.

Tímido o cauteloso, reservado no debe entenderse mal. El Aussie verdaderamente reservado es dueño de sí mismo y seguro, no temeroso e inseguro. Suele estar atento a su entorno, es cuidadoso y siempre es un excelente juez de carácter, porque puede ser distante.

Un perro especialmente criado para proteger a los animales y a su dueño también protegerá a su familia y su hogar. Aunque estas acciones suelen ser aceptables, a medida que va creciendo, debe interactuar con nuevas entidades y entrar en contacto con el mayor número posible de situaciones diferentes.

La agresividad es un comportamiento insatisfactorio cuando se trata de personas o ganado. Para su bienestar físico y emocional, la compañía humana es importante. Relegarlo con tan poca interacción humana a su patio trasero podría tener consecuencias desafortunadas. Puede ayudar a que tenga confianza en sí mismo y se adapte bien haciéndole participar en el mayor número posible de acontecimientos familiares.

Cómo entrenar a su pastor australiano cuando es un cachorro

En lo que respecta al adiestramiento de su pastor australiano, son la raza perfecta. Los pastores australianos tienen un buen rendimiento, como el fly ball, el agility y el entrenamiento intensivo de obediencia canina, en un sinfín de eventos deportivos y actividades de entrenamiento canino.

El tiempo que su Aussie dedica a la enseñanza es un tiempo bien empleado. A lo largo de todo el proceso de adiestramiento, establecerá y reforzará una amistad totalmente sólida con su perro. Los Aussies son alumnos extremadamente preparados y capaces que reaccionan mejor a los métodos de adiestramiento constructivos y basados en la recompensa, como la instrucción con clicker para perros.

En realidad, no necesitará castigos o correcciones duras cuando entrene a su Aussie. A medida que crecen, los Aussies pueden convertirse en un desafío, particularmente durante la pubertad, y pueden requerir alguna aplicación restringida de las leyes. Puede superar este período de rebelión adolescente muy rápidamente para aquellos que han establecido los bloques de construcción y demostrado desde el principio que usted es el líder de la manada.

Información sobre la salud del pastor australiano

En general, el pastor australiano es una raza de perros sana y equilibrada. Al igual que todas las razas, existen problemas de salud específicos que aparecen con mayor frecuencia en los pastores australianos.

Aunque la mayoría de ellos son hereditarios y pueden minimizarse mediante prácticas de cría adecuadas y comprando su Aussie a un criador de perros profesional, la información y los consejos de su veterinario pueden servir de apoyo para aquellos con motivos patológicos o dietéticos.

Pastores australianos - Para terminar

Si usted es un individuo activo que busca un cachorro inteligente que desee trabajar duro para impresionarle, entonces un pastor australiano podría ser el cachorro que se adapte a sus necesidades. La raza requiere trabajo y entrenamiento para formar un perro equilibrado y de buen comportamiento. Sin embargo, el trabajo duro merece mucho más que la pena.

Es importante empezar con el pie derecho cuando se trata de tomar una buena decisión. Lo mismo ocurre cuando se trata de la tarea de encontrar un criador de pastores australianos "Aussie". Todos los amantes y entusiastas de los perros saben lo magníficos que son los Aussies y cómo poseer uno puede ser una experiencia gratificante dependiendo de sus elecciones. Para empezar, debe saber cómo reconocer a un auténtico criador de Aussies de un proveedor que sólo busca el dinero de la gente. Un verdadero criador de pastores australianos debe estar comprometido con la raza y tener una verdadera preocupación por los perros que ofrece. Se puede saber de inmediato una vez que un criador investiga sobre su situación en el hogar o si incluso está calificado para poseer un Pastor Australiano.

Como persona que quiere tener la mascota adecuada para su familia, tiene que seguir algunos consejos a la hora de encontrar el criador de pastores australianos adecuado.

Un. buen criador de Pastores Australianos "Aussie" normalmente pide un montón de formalidades para asegurarse de que está obteniendo la opción más segura cuando se trata de mascotas y, al mismo tiempo, garantizar el bienestar de los perros. Son verdaderos amantes de los perros que no sólo buscan el dinero que pueden ganar, sino también el tipo de hogar que se les proporciona a los perros que venden. Al contrario de lo que otros creen, los contratos y las formas son para el beneficio de los clientes y no sólo de los vendedores.

B.   Se puede saber por el boca a boca que un criador de pastores australianos es bueno. De lo contrario, puede que tenga que mirar sus registros, certificaciones, acreditaciones y referencias. Su número de años de experiencia en la cría de perros es también uno de los factores importantes.

C.   Todo debe ser transparente, incluidos los registros, los problemas de comportamiento y los resultados de las pruebas de los perros. De lo contrario, tendrá que averiguar si un determinado criador está tramando algo. Averigüe todo lo que pueda sobre una determinada opción antes de tomar una decisión definitiva.

D.   Por lo general, un buen criador estará dispuesto a devolver el perro de forma gratuita si descubres algo malo o si has tomado decisiones equivocadas.

E.   Siempre que haga preguntas, sabrá si un criador de pastores australianos tiene éxito o no. Un buen criador va más allá de una buena conversación de ventas, pero sigue combinando experiencias personales... Debería ser capaz de responder en profundidad a todas tus preguntas. En primer lugar, en lo que respecta a los retos y dificultades de tener un Aussie, debería ser lo suficientemente franco.

F.   Evite los criadores que le obligan a tomar decisiones precipitadas. Las prisas no son una buena idea a la hora de elegir una mascota, ya que pueden afectar a su familia más de lo que imagina. Elija un criador que esté dispuesto a tomarse su tiempo para explicarle y sopesar cada opción para que usted pueda tomar las mejores decisiones.

Por lo general, si encuentra un criador que también sea un amante de los perros como usted, será más fácil establecer una relación. Encontrar criadores de pastores australianos puede ser toda una tarea, pero las cosas pueden ser muy gratificantes con los movimientos y las decisiones correctas.

Capítulo 1: ACERCA DEL PASTOR AUSTRALIANO

El pastor australiano es una raza de pastoreo de tamaño medio. Los machos miden entre 20 y 23 pulgadas, mientras que las hembras miden 5 pulgadas menos. Dependiendo de su raza, este perro pesa entre 40 y 65 libras. Con un subpelo grueso, el pastor australiano tiene un pelaje moderadamente largo. Puede elegir varios tonos, como el azul merle, el rojo merle, el negro merle y el rojo merle. Los ojos del perro pueden ser de color ámbar, azul o marrón. Naturalmente, la cola es siempre corta, pero a menudo se amputa. El Pastor Australiano dura de 12 a 15 años. El Blue Heeler, el California Shepherd y el Bobtail se llaman a veces Pastor Australiano.

Historia: Curiosamente, el Pastor Australiano no se originó en Australia, teniendo en cuenta su nombre. En algún lugar cerca de España y Francia, tiene sus inicios en las montañas de los Pirineos. Criado por vascos, cuando emigraron a Australia, el perro se fue con sus padres. Los vascos se trasladaron de nuevo, esta vez a Estados Unidos, durante el siglo XIX, y adoptaron la raza aquí. Aquí, con los Collies, se crió la base para crear el perro que conocemos hoy en día.

Temperamento: El pastor australiano es un perro entusiasta y juguetón al que le gusta establecer vínculos con su familia humana. Es fantástico con los niños y le encanta jugar con ellos activamente. El Pastor es inteligente, como la mayoría de los perros de trabajo, y rápido de entrenar. Este perro tiene un gran apetito de energía y debe hacer mucho ejercicio. Se desarrolló como un perro de trabajo, y si se le asigna cualquier "tarea", será más feliz, incluso si esa tarea es correr junto a una bicicleta o practicar habilidades de agilidad.

Problemas de salud: En el caso del pastor australiano, una condición de salud muy peculiar implica el apareamiento con dos perros merle. En la descendencia, este cruce también provocará sordera o ceguera. Para encontrar un compañero apto para el perro merle, se debe tener precaución. Si se cruzan perros con cola de bob con perros con cola de bob, se producirán graves complicaciones en la columna vertebral. El pastor también puede sufrir cataratas. En esta raza también pueden aparecer la displasia de cadera y el hipotiroidismo.

Aseo: El pastor australiano no necesita un aseo diario exhaustivo, a pesar de su pelo muy largo. El pelaje puede mantenerse en forma razonable con una limpieza ocasional. La única excepción es cuando se desprende el subpelo. El perro debe ser peinado o lavado en ese momento para eliminar el pelaje grueso. Las orejas deben mantenerse lavadas y secas y hay que vigilar que no haya garrapatas ni pulgas si el perro ha estado vagando por zonas de maleza.

Condiciones de vida: Aunque al pastor australiano le gusta estar con sus dueños, no es un perro ideal para vivir en un apartamento, ya que está demasiado ocupado en el interior. Se volvería repetitivo y dañino si se le dejara en una situación de confinamiento. El adiestrador perfecto para este perro es una familia comprometida que disfrute de juegos y eventos recreativos. En las granjas o ranchos donde es posible utilizar sus instintos de defensa y pastoreo, el Pastor se desenvuelve muy bien. Este perro puede permanecer en el exterior, pero es mejor que se mantenga cerca de ellos, ya que interactúa estrechamente con sus compañeros humanos.

Un perro americano (no australiano) cuyos orígenes se remontan a la década de 1840, durante la época de la fiebre del oro, es el Pastor Australiano, también conocido como Aussie. Estos sabios y magníficos perros tienen mucho que disfrutar. Siga leyendo y descubra por qué.

Originalmente, los pastores australianos se criaban para pastorear ovejas. Hoy en día, aunque ésta no sea su profesión principal, también tienen una mentalidad dominante. Esto hace que sea muy difícil enseñarles y, a cambio, no es agradable tener un perro para cualquier persona joven. Al enseñarles, hay que ser fuerte y optimista y recordarles quién es el jefe.

De media, a la altura de la cadera, una mujer mide entre 18 y 21 pulgadas, mientras que un centro comercial pesa entre 20 y 23 pulgadas. Las hembras pesan entre 40 y 55 libras en ambas zonas, y los machos entre 50 y 65 libras.

Los Aussies son perros muy enérgicos y deben hacer ejercicio regularmente. Lo ideal es que si no tiene un patio espacioso para que corran, no tenga uno de estos cachorros. Los expertos sugieren al menos de 30 a 45 minutos de ejercicio tranquilizador al día; tal vez quiera lanzar una pelota o un frisbee con ellos para que saquen la emoción. Para salir de su patio, harán lo que sea para poder pastorear ovejas dentro de él, así que asegúrese de tener una valla segura. ¡Todavía tienen la tendencia (como instinto) de morder, así que las clases de obediencia podrían estar en el futuro! ¡Pueden ser grandes mascotas de la familia, particularmente con los pequeños, hasta que sus modales estén en orden!

No todos los Aussies son peligrosos, aunque son vulnerables a algunos problemas de salud. Las alergias y la distiquiasis son preocupaciones menos graves para esta raza, mientras que la displasia de cadera, el cáncer, la sordera y la epilepsia son problemas más serios. Cuando surgen, es importante estar preparado, financiera y emocionalmente, para estos retos.

El cuidado de los pastores australianos puede ser complicado. Hay que acicalarlos con regularidad, ya que mudan a lo largo del año. Por otro lado, su manta resistente al agua les protege de los peligros de todo tipo de clima, desde la lluvia hasta la nieve. Es fundamental que les des un buen cepillado al menos una vez a la semana.

Ahora ya sabe más sobre el Pastor de Australia. Esperamos que estos conocimientos le resulten útiles.

Los pastores australianos -un poco más largos que altos- son perros vigorosos, bien proporcionados y de campo. De la misma longitud son sus cabezas algo arqueadas y sus hocicos de longitud media. Pueden tener formas almendradas de color naranja, azul o ámbar. Sus orejas son triangulares y de inserción alta, y tienen colas suaves y naturalmente cortas.

Los pastores australianos son perros juguetones, obedientes, mimosos y cariñosos. También se les considera los mejores perros del mundo canino para el pastoreo. Los pastores australianos, al tener una buena capacidad defensiva, son excelentes perros guardianes. No hacen mucho ruido, pero probablemente ladrarán si detectan una amenaza, por lo que son buenos compañeros.

Los Aussies pueden ser una maravillosa mascota en el hogar, y son inteligentes. Los Aussies pueden proporcionar entrenamientos diarios y energéticos, como hacer ejercicio en un parque para perros o jugar a un frisbee, si la familia puede tener tiempo. Ya que se sienten solos cuando los Aussies se quedan solos durante largos períodos de tiempo, lo que contribuye a ciertos problemas de comportamiento. Y si sólo está haciendo un pequeño trabajo de jardinería o actividades de caza, quieren estar con usted. Pueden convertirse en excavadores de agujeros si se impacientan, o mastican algo que ven. Los australianos quieren sentir que la familia forma parte de ellos.

Excepto en su etapa adulta, los pastores australianos siguen siendo como un cachorro. La etapa de bebé, nunca la superan. Los Aussies son amigos fieles y leales, y guardianes porque son protectores, naturalmente. Son fáciles de adiestrar y son realmente inteligentes. Mientras que cuando tratan con animales son violentos, son gentiles con los amigos humanos.

Si quiere tener Aussies como mascota, debe comprarlos como cachorros y no como adultos. Lo positivo de adoptarlos como mascota es que serán criados de forma aceptable y cómoda para las personas que convivan con ellos. Al igual que una perrera o una jaula, el cachorro de Aussie debe tener su lugar. También puede haber ciertas cosas para mantenerlo ocupado cuando se despierte, como juguetes o una manta por la noche. Esto ayudará a alejarlos de los muebles y a eliminar su capacidad de conquista.

En cuanto a la vida en un apartamento, los pastores australianos no son recomendables. Son moderadamente activos y se aburren rápidamente, y eso puede incitarles a volverse destructivos. Para mantenerse en forma, física y emocionalmente, este animado perro requiere muchos ejercicios. Pocos pastores australianos conservan buenos genes de perros de trabajo. Esto hace que estén más entusiasmados por estar en el campo y menos por estar con la familia. Los Aussies son más propensos a agolparse en los individuos y a picar los talones para que todo el mundo se ponga en marcha, pero estas peculiaridades pueden solucionarse con una buena preparación.

Tienen el potencial de complacer a su amo y son muy conocedores, por lo que destacan en varios casos. Hay algunas características de los pastores de Australia. Pueden ser alarmas de drogas, perros de exhibición, perros guía para ciegos, perros de escucha para sordos o incluso un perro de búsqueda y rescate.

Los pastores australianos son maravillosos colaboradores y parientes. Deben ser respetados y tratados bien por nosotros.

Perros leales y adorables

En los últimos años, los pastores australianos se han convertido en una raza muy popular en Estados Unidos. Esto se debe no sólo a que son atractivos, sino también inteligentes, obedientes, leales y atléticos. Situados en el entorno adecuado y con el ejercicio y el adiestramiento adecuados, estos perros son excelentes mascotas familiares y compañeros ideales. Los pastores australianos estándar pesan entre 35 y 70 libras y crecen hasta 18 o 23 pulgadas de altura.

Los pastores australianos fueron criados para ser excelentes en el pastoreo, y este instinto es muy fuerte en esta raza hoy en día. Sin embargo, este excelente talento puede ser un problema cuando este perro es una mascota familiar o de compañía. A menos que se empiece a entrenar muy pronto, este perro puede arrear, perseguir o conducir fácilmente cualquier cosa que se mueva, incluyendo ganado, ovejas, gatos y niños. Incluso pueden matar al ganado. El adiestramiento y un buen ejercicio evitarán que su perro se aburra y se meta en problemas.

Aunque los pastores australianos son leales y se llevan muy bien con los niños, deben ser adiestrados adecuadamente. Por naturaleza, intentan dominar y entrenar a su Aussie para que su perro respete a todos los miembros del hogar, especialmente a los niños.

Los pastores australianos son buenos perros guardianes. No sólo son pastores, sino que protegen instintivamente a la manada. Un perro guardián ladrará cuando un extraño se acerque a la puerta de su casa o a sus hijos. La socialización de su perro también le ayudará a reconocer el peligro real y a evitar ladridos innecesarios o inapropiados.

Si no se les hace participar adecuadamente, estos perros son inteligentes y se aburrirán y encontrarán formas creativas de entretenerse. Esto suele meterlos en problemas. Asigne a su Aussie una tarea diaria, como recoger el periódico o el correo por la mañana. Además, desafíe a su perro haciéndole participar en un buen deporte activo, como los ejercicios de agilidad, el frisbee y el flyball. Además, puede mejorar la relación entre el perro y el amo mediante el entrenamiento de obediencia.

Hay cuatro colores principales: negro, azul merle, rojo y rojo merle. El color de los ojos puede ir del negro oscuro al ámbar, pasando por un azul hielo muy pálido. Hoy en día, los pastores australianos están en todas partes. No sólo son buenas mascotas y compañeros, sino que son muy competitivos. Ganan regularmente competiciones de pastoreo, agilidad, obediencia, flyball y rastreo. También ganan competiciones de confirmación y de estilo libre. Les encanta el senderismo y las excursiones con mochila. También correrán junto a usted cuando haga footing y les gusta nadar. También son excelentes perros guía.

Antes de comprar un pastor australiano, debe saber que estos perros sueltan pelo. Esto es inevitable. Para reducir este problema, debe cepillar al perro a fondo una vez al día. Algunos propietarios pasan la aspiradora a diario o incluso compran alfombras del mismo color. Esta raza de perros pierde pelo durante todo el año, pero es en primavera y otoño cuando más pelo pierde.

Sea cual sea el motivo por el que vaya a adquirir un pastor australiano, asegúrese de hacer los deberes. De este modo, se encontrará con un perro sano y con el temperamento adecuado para usted y su familia. El resto depende de usted. Con el adiestramiento, la socialización y el ejercicio adecuados, tendrá un perro devoto, obediente, protector y leal para el resto de su vida. Todo el amor y la atención que le dé a esta raza le serán devueltos por diez.

Descripción general

El pastor australiano o Australischer Schaferhund es un perro de tamaño medio, bien equilibrado, con las orejas colocadas en alto a ambos lados de su cabeza de forma triangular y con la punta redondeada. La raza luce un pelaje de textura media llamado Aussie en Australia, que puede ser ondulado o liso con una longitud moderada con subpelo y resistente a la temperatura. El Aussie tiene incluso un pelaje grueso y liso en la parte exterior de las orejas y en la cabeza. Las patas delanteras del perro y la parte inferior de los corvejones también pueden tener la misma complexión de pelaje, aunque la parte posterior de sus patas delanteras está ligeramente emplumada. La crin y los volantes de los perros macho son más prominentes que los de las hembras, con una cola corta y lisa.

Según las normas del AKC, la cola de un pastor australiano no debe superar los 10 centímetros, y a los que tienen la cola larga se les suele cortar. Normalmente, el cuerpo del Aussie es moderadamente más largo que su altura a la cruz. Su pecho es más profundo que ancho, y el punto más bajo del pecho llega hasta el codo del perro. Las patas delanteras son rectas y erguidas hasta el suelo, con pies ovalados y coagulados con dedos bien abombados. Los espolones delanteros del perro se quitan ocasionalmente, mientras que los traseros se quitan siempre. El tamaño de la cabeza debe ser proporcional al cuerpo y el hocico igual o ligeramente más corto que el cráneo posterior del perro. Su stop está bien definido, y los dientes forman tijera o mordida nivelada. Los ojos suelen ser ovalados y de tamaño medio, con tonos azules, marrones, ámbar o su combinación, incluyendo jaspeado y motas. Los pastores australianos suelen diferenciarse por los colores del pelaje, con las tonalidades habituales como el negro, el azul merle, el hígado o el rojo merle, y el rojo sólido y en algunas ocasiones con marcas blancas y fuego.

Temperamento

Los Aussies suelen ser amistosos y fáciles de llevar y pueden llevarse bien con los niños a los que les encanta jugar con ellos o a su alrededor. Los Aussies también son los perros guardianes perfectos, y pueden ser leales y guardar una morada con toda su atención que puede llevarlos a ser sobreprotectores en algún momento. Señalando que los perros son los mejores amigos del hombre, los Aussies son un buen ejemplo ya que son leales, cariñosos y atentos. Los pastores australianos también tienen esa noción de saber lo que quiere su amo y también son una de esas razas que hace todo para complacer a sus dueños. Aunque son mansos con los humanos, tienden a ser fieros y agresivos, especialmente cuando se exponen al ganado. Están hechos para ser atletas naturales, y rara vez se verá un Pastor Australiano que se quede tumbado todo el día sin hacer nada.

Para los propietarios ocupados y en movimiento, los Aussies no son difíciles de vivir y normalmente necesitan un paseo de quince minutos al día para ocuparse, ya que también tienden a ser destructivos y nerviosos, especialmente cuando se les deja solos. Además, hay que dejar que se relacionen con otros humanos y perros para acostumbrarlos, sobre todo cuando se reciben muchas visitas que entran y salen de la casa o el apartamento. Además, los Aussies también son fáciles de enseñar y son una de las razas de perros más adaptables. Ciertos comportamientos, como la agresividad y el nerviosismo, pueden superarse fácilmente con el adiestramiento y la supervisión adecuados.

Problemas de salud

Los factores de ceguera/sordera suelen ser comunes en los cruces merle/merle y debe tenerse en cuenta para comprobar la condición auditiva de los cachorros merle. Los cachorros de razas mixtas con cría natural también son susceptibles de padecer trastornos de la columna vertebral. La CEA y las cataratas son también algunas de las enfermedades que portan los Aussies. Otras preocupaciones son la dermatitis solar nasal, el síndrome de Pelger - Huet, la CHD y el coloboma del iris. Otros pueden sugerir epilepsia, ARP, distiquiasis, síndrome lumbosacro, entre otros.

Condiciones de vida y ejercicio

Los Aussies se mantienen mejor en una casa espaciosa con un patio trasero adecuado. Una vez más, los Aussies tienden a ser superactivos, y se aconseja a los propietarios que saquen a pasear a su perro a diario, intercalando paseos enérgicos con trotes moderados. Una advertencia: el exceso de ejercicio de un pastor australiano también lo volverá agresivo.

Duración de la vida y tamaño de la camada

Los pastores australianos suelen vivir entre 12 y 15 años y pueden tener entre 6 y 9 cachorros.

Capítulo 2: ELEGIR UN PASTOR AUSTRALIANO

No siempre es una decisión sencilla para un futuro propietario decidirse por un pastor australiano hembra o macho. A la hora de elegir qué género se adaptará bien a su familia, hay que tener en cuenta varias consideraciones.

La elección de un perro macho o hembra es la más difícil a la hora de elegir un Aussie. Muchos nuevos compradores ya se han decidido por el sexo que quieren. En general, las personas pedirán un sexo determinado; sin embargo, algunas personas siguen sin estar seguras.

Hay variaciones reproductivas que hay que tener en cuenta a la hora de decidirse por un Aussie macho o hembra. Las hembras de la raza pueden tener crías y entrar en celo cada seis meses aproximadamente. Los machos de la raza pueden preñar a las hembras y pueden hacerlo en cualquier momento.

Hay distinciones significativas entre los machos y las hembras, siendo la altura del perro una de las únicas. En general, los machos son más pesados que las hembras de la raza. Los pastores australianos machos pesan entre 50 y 65 libras de media y miden entre 20 y 23 pulgadas. El Pastor Australiano hembra es mucho más pequeño y tiene una altura total de 18-21 pulgadas y pesa alrededor de 35-45 libras.

También hay variaciones en las características de personalidad de los Aussies hembra y macho. Las hembras de la raza parecen tener un carácter más reservado. Al mismo tiempo, los machos de la raza son más extrovertidos y tienden a ser un poco más tercos y obstinados. Sea cual sea el género que elija, tener un pastor australiano es una maravillosa adición a su familia.

Muchos Aussies han sido entregados por una u otra razón y, sin embargo, son perros maravillosos y cariñosos. Para muchos propietarios potenciales de pastores australianos, adoptar un perro de rescate puede ser una experiencia enormemente gratificante. En lugar de comprar un cachorro, puede optar por dar un hogar a un Aussie que haya sido rescatado.

Los Aussies son muy buenos con las personas y los niños, y esto también es válido para los Aussies rescatados. Estos perros son conocidos por su inteligencia y agilidad, y estos rasgos suelen estar presentes en los perros rescatados. Normalmente, los grupos de rescate locales son organizaciones sin ánimo de lucro formadas por voluntarios dedicados a la raza y que se preocupan mucho por los pastores australianos que intentan salvar. Estos grupos suelen sacar a los Aussies de los refugios y los colocan en hogares de acogida mientras los perros esperan a ser adoptados. Aunque algunos de los perros rescatados proceden de refugios y perreras, otros son entregados a los grupos de rescate por sus propietarios. Hay que tener en cuenta que la mayoría de los grupos no aceptan perros con mal comportamiento.

Por lo tanto, si está interesado en adoptar un Aussie, su primera parada debería ser localizar el grupo de rescate de pastores australianos más cercano. Muchas ciudades y estados cuentan con estos grupos, y una rápida búsqueda en Internet probablemente le indicará la dirección correcta. Es probable que tenga que rellenar un formulario de solicitud para el grupo. Cuanto menos específico sea el tipo de Aussie que desea, más rápido podrá conseguir un perro. Para aquellos que tienen requisitos específicos de tamaño y color, es posible que tengan que esperar un poco más antes de que puedan obtener un perro. La mayoría de estos perros se ofrecen por orden de llegada. Sin embargo, los voluntarios de los grupos de rescate probablemente serán muy exigentes a la hora de emparejar al perro adecuado con un posible propietario.

Antes de conseguir el perro que desea, deberá hacerse muchas preguntas para evitar que elija el tipo equivocado. Cuanto más joven sea el perro, más probable será que tenga que prepararse para darle un buen entrenamiento. Tiene que estar seguro de que dispone del tiempo necesario para adiestrar a un cachorro para evitar que desarrolle hábitos no deseados. Los Aussies son perros muy inteligentes, y si se les entrena adecuadamente, se convertirán en un perro bien educado. Sin embargo, los Aussies también tienen un instinto de pastoreo interno que suele ser necesario abordar pronto, para que no estén constantemente mordisqueando los talones de los que están cerca.

Otra cuestión que debe plantearse es si está dispuesto a empezar a socializar con el perro cuando aún es un cachorro. Los Aussies son extremadamente protectores y podrían ser un reto para aquellos que no se toman el tiempo de entenderlos correctamente. Estos perros pueden ser muy protectores, haciendo que no permitan que los extraños se acerquen a sus amos. Sin embargo, si se puede dar a un Aussie adoptado el entrenamiento adecuado, pueden ser amigos cariñosos y agradables para toda la vida.

Todavía hay algunos problemas a los que hay que hacer frente cuando se busca qué raza de perro elegir para la familia. Los primeros perros pastores australianos que hemos tenido en nuestra casa son Jesse y Harley, que son hermanos, y tengo que admitir que me fascina esta raza de perro.

Lo puse en el fregadero del baño cuando Harley era un cachorro y había masticado su pelota de chirrido hasta quedar hecho polvo, para ponerlo temporalmente fuera de su alcance y poder tirarlo. No quería ver nada de la goma suelta atascada en su garganta. Harley se las había arreglado para trepar por el lado de los armarios del baño y estaba alegremente de pie en el lavabo, ¡recogiendo su juguete! Oí un ruido de forcejeo detrás de mí.

En ese momento me di cuenta de que no se trataba de una raza de perro cualquiera. Para que puedan acorralar, no tenemos un rebaño de ganado, y sólo tenemos un patio trasero de gran tamaño y vallado para que puedan holgazanear y retozar, pero para mantener a estos Aussies contentos es necesario que se entretengan en parques para perros y den largos paseos por el bosque. Para la escuela de agilidad, los pastores australianos también son perros excelentes. Por su atletismo, las carreras rápidas son geniales.

Creo que son enérgicos, súper inteligentes, juguetones, dulces con los niños, y una de las cosas que aprecio es que son una raza no vagabunda. Son tan inteligentes en cuanto a la enseñanza que no tardan en captar lo que quiero hacerles aprender. Una actitud suave y optimista es el enfoque que utilizo para la enseñanza. Es fácil que lo capten con la repetición.

Por ejemplo, si durante nuestros paseos, Jesse se tropieza con algo asqueroso o se ensucia jugando en el bote para niños pequeños que mantenemos lleno de agua en verano, todo lo que tengo que hacer es pedirle que se meta en la piscina y mostrarle lo que quiero decir. Sabe entrar directamente en la casa y saltar para darse una pequeña ducha en la bañera. Mis anteriores perros eran un labrador amarillo y un pastor alemán, y nunca había tenido un perro que se metiera en la ducha tan rápidamente como Jesse.

En conclusión, me gustaría recalcar a todo el mundo que contemple esta raza porque necesitan muchos entrenamientos (no necesariamente extenuantes), cosas divertidas que hacer, y permanecer cerca de su familia. En contacto continuo con su "rebaño", que incluye a sus parientes humanos, son los más felices. También quieren asegurarse de que todos se lleven bien en el hogar. Harley puede emitir un gruñido bajo si considera que el juego es demasiado duro (entre otros perros o individuos). Cuando cree que uno de ellos está siendo intimidado o molestado, es una experta en separar a los perros que son demasiado revoltosos entre sí.

En definitiva, para la familia adecuada, recomendaría encarecidamente esta raza. No son ideales para un apartamento pequeño, sino que necesitan espacio y una familia que se implique para dejar que su personalidad y su creatividad ilimitada salgan a la luz.

No hay duda de que la línea de cría enriquecida pertenece al pastor australiano. Los pastores australianos son inteligentes y adorables. Anteriormente se utilizaban para proporcionar a los pastores escolta para hacer frente a los animales de pastoreo. Por lo tanto, son orgullosos y valientes. Se han separado de otros animales por este tipo de bravura. Sin embargo, para hacer una elección adecuada, hay que seguir estas reglas antes de comprar pastores australianos.

En primer lugar, habría que pensar intensamente para qué se van a comprar los pastores australianos. Si alguien quiere mantener la pista del ganado bien y otros animales de pastoreo en los terrenos de pastoreo o ranchos, deben ser audaces y decididos. Deben tener valor y resistencia para controlar a los animales de pastoreo. También deben ser agresivos. Sin embargo, si alguien quiere tener Pastores Australianos para algunos propósitos domésticos, debe optar por aquellos Pastores Australianos que no son demasiado agresivos o tercos. Su naturaleza de presteza es realmente atractiva y una cuestión de emoción para aquellos que aman a los perros de compañía.

Antes de comprar pastores australianos, hay otro aspecto significativo que uno debe considerar. El entrenamiento de los pastores es bastante urgente. De manera científica, se les debe enseñar que deben expresar absoluta confianza y lealtad a los amos que los utilizarán en varios aspectos. Deben aplicarse programas de socialización para hacerlos sociables y respetuosos, de modo que sea menos posible un malentendido u otra ruptura de la paz. Por otro lado, dado que se sienten muy frustrados y abatidos sin ningún tipo de trabajo durante las horas de ocio, hay que obligar a los Pastores Australianos a entrar en acción. Para practicar, hay que llevarlos a patios o parques. El ejercicio es un elemento muy importante para hacerlos decididos y concentrados. Es una gran alegría que su mentalidad de presteza y frivolidad infantil los energetice para hacer un trabajo duro con facilidad y con mucha consideración.

Este tipo de dureza es el instinto innato arraigado en ellos cuando están muy bien familiarizados con la condición dura y desafiante. En este sentido, para obtener un montón de conocimiento acerca de su disposición y temperamento, se puede navegar por la red o tomar la ayuda de algunos peluqueros experimentados que son muy calificados y eficaces para preparar y entrenar a los pastores australianos perfectamente. En el entrenamiento o aseo, uno debe tener algunas habilidades simples que hará que los pastores australianos obediente y sociable.

Beneficios del pastor australiano

Dentro de sólo U, Su Pastor Peculiar gana sus raíces especiales. S encontró que durante todo el siglo XIX, resultó haber sido producido. El lugar donde el "australiano" comenzó no está claro. Su pastor inglés, Dorset Sparkling Orange Shag, Cumberland Sheepdog, Scottish Collie, Glenwherry Collie, Bouvier des Flandres, y el Welsh Sheepdog me dijeron de variantes útiles para encontrar el verdadero Pastor Local. En el Reino Unido y en Escocia se iniciaron muchos de los perros que establecerían esta raza única de perro. Muchos de estos perros están trabajando normalmente en las películas nacionales, dentro de los rodeos, y así en los programas de televisión en busca de la posterior Enfermería Globo. Además, evolucionaron hasta convertirse en compañeros de cosecha y ganadería muy apreciados.

Temperamento del pastor australiano

El Pastor Australiano es una raza extremadamente leal e incluso se ha utilizado como perro de protección. Este tipo de reproducción es extremadamente inteligente y muy fácil de trabajar. Además, pueden captar fácilmente otros talentos, por lo que no son ideales para personas con cero experiencia previa en la tenencia de perros. Los individuos que disfrutan de este tipo de perros necesitan ser tratados orgánicamente para que sus perritos puedan descubrir el comportamiento adecuado. Otro perro muy valiente, relajado y vigilante, seguro de sí mismo, si no intenso, puede ser el singular Pastor Australiano.

Sin embargo, serán un poco sospechosos de otras personas. Se espera que este tipo de perros sean muy relajados con los miembros de su familia; sin embargo, estas personas deben ser eventualmente entregadas a personas que no entienden. Por lo general, este tipo de perros están seguros de reunirse adecuadamente y todo antes de que haya una base para que una persona se preocupe. Sin embargo, esta raza de perro en particular se convertirá en áspero por su cuenta, así como algo poco cooperativo.

Pastor Australiano Interés

Los pastores australianos son normalmente normales a los perros grandes, matando, y no puede ser bien adaptado a los síntomas de alergia de los individuos. Esta forma particular debe ser lavada semanalmente utilizando una empresa tress; recuerde barrer, así como cada 6-8 semanas, se recomendaría un lavado a fondo. Además, se aconseja que ciertos tipos de perros sean normalmente cepillados hasta que puedan ser lavados para eliminar más esteras de trabajo. Por lo general, después de este tipo de perros se limpian directamente, que necesitan para secar a cabo justo antes de que sean completamente seco. En el caso de que sus capas siguen siendo tormentoso, problemas de tono de la piel puede ser planteado.

Entrenamiento del pastor australiano

Se propone que la mayoría de estos perros suelen empezar a entrenar a una edad increíblemente temprana. Las técnicas de preparación inspiradoras deben aplicarse a un plan cuadrado. Estos perros podrían incluso ser mejor en un nuevo comprometido, saludable, y el sonido y la igualdad de enseñanza mundo natural. Este tipo de variables puede ser muy individual, junto con altamente orientado hacia la dirección de sí mismos, en contra de sus pros particulares. Pastor australiano es una salvaguardia natural junto con ningún entrenamiento adicional en la estabilidad es probable que sea necesario. Este tipo de perros pueden tener entrenamiento de obediencia cachorro a una edad muy temprana cuando con sus horarios, pueden ejecutar todo lo que han descubierto antes de tiempo. Su actual Pastor Internacional todavía debe ser socializado también, aunque normalmente han crecido muy lentamente.

Problemas de salud del Pastor Australiano

Las cataratas, la anomalía visual del Collie, los problemas autoinmunes y la displasia de tendencia son algunos de los principales problemas de salud que presenta este tipo. Estos perros también pueden ser propensos a algunos trastornos innatos de la visión, como el coloboma del ojo, el coloboma del iris, las cataratas de la pubertad y la madurez, y el desprendimiento de retina. La ivermectina, que se utiliza en los medicamentos contra el gusano del corazón, puede ser muy receptiva para el pastor hawaiano real.

Capítulo 3: PREPARANDO TU HOGAR PARA TU PASTOR AUSTRALIANO

Antes de adoptar un pastor australiano, hay algunos aspectos que debería tener en cuenta. No debe tomarse a la ligera el determinar si esta raza se adapta a su familia o a su estilo de vida. Antes de llevárselo a casa, es increíblemente importante estar bien formado e informado sobre esta raza.

Esta raza es extremadamente activa, competitiva, altamente intelectual y solitaria, y exige al propietario una excesiva dedicación en términos de tiempo y deber. Si usted se limita a algo así, entonces esta raza no es para usted. La recompensa general será gratificante al observar los rasgos de este perro, su comportamiento psicológico, y aprender a interactuar eficazmente con ellos. La idea es que si usted pone a su perro con otras personas y animales domésticos, la raza de los cachorros de pastor sería pura alegría para tener como miembro de la familia, activo, bien socializado, y bien educado.

El pastor australiano se adapta bien a un propietario activo y enérgico o a la familia en la vida y les dará una dirección sólida.

No son para dueños de perros por primera vez o novatos. La experiencia es fundamental, ya que serían un auténtico manojo de nervios sin un buen conocimiento de la psicología y la comunicación de los pastores.

Son perros muy exigentes, y como perros de trabajo, al pinchar, gritar, dar codazos y pellizcar, lo que puede entrar en conflicto con la vida familiar habitual, son instintivos a la hora de arrear. Sin embargo, muchos de estos problemas de comportamiento pueden minimizarse con la instrucción adecuada. En sus familias, los pastores australianos son muy cariñosos y se vinculan muy bien con sus padres.

Son propensos a padecer trastornos de separación, al igual que los bebés, lo que resulta angustioso para el perro y el propietario. Para ser un dueño aceptable, tendrá que pasar mucho tiempo con ellos; no les gusta quedarse en casa más que un par de horas. No son el tipo de perro que se puede dejar fuera; tienden a estar con sus padres en todo momento. Se creará un gran caos si trabajas todo el día y lo dejas solo en el patio.

Por lo tanto, si tiene la mentalidad adecuada para adiestrarlos, guiarlos, pasar tiempo con ellos durante gran parte del día y mantener la determinación necesaria para tener un pastor australiano, tener uno como parte de su familia les dará la estabilidad, la confianza y el afecto adicionales que necesitan para tener una vida feliz y segura.

Aunque la mayoría de las personas dudan debido a algunos problemas conocidos, puedes beneficiarte mucho si eliges pastores australianos mini de refugios de animales. Los inconvenientes pueden eliminarse si se tienen en cuenta los factores importantes. En primer lugar, hay que tener la mentalidad adecuada y las razones correctas para tener un perro como próxima mascota. Tenga en cuenta que no se trata de una simple decisión de una persona, sino que debe hacerse en función de las necesidades y situaciones de su familia.

Ser propietario de un Aussie puede afectar a su estilo de vida diario y a la situación de su hogar. Por lo tanto, es importante conocer todas las cosas sobre la raza que está considerando, asegurándose de que es capaz de criarlo y manejarlo. Los Aussies son estupendos como mascotas, pero hay que tener cuidado, ya que las decisiones equivocadas pueden dar muchos dolores de cabeza y frustraciones. Recuerde que su propia naturaleza les hace ser dominantes en ocasiones, por lo que es posible que tenga que aplicar algunas técnicas de adiestramiento para ganarse su respeto y lealtad. Estos perros fueron concebidos originalmente para el pastoreo, donde se supone que deben controlar a los animales más grandes. Con un adiestramiento adecuado, pueden ser obedientes, leales y trabajadores.

Los pastores australianos miniatura o mini-Aussies pertenecen a una talentosa y sorprendente raza de perros desarrollada principalmente para el pastoreo. Ahora se pueden encontrar muchos de ellos realizando tareas que los hacen más populares hasta convertirse en uno de los perros favoritos de Estados Unidos. Si está planeando tener un perro de la raza Aussie, hay varias opciones que debe conocer primero. Normalmente, puede elegir entre adquirir un Aussie estándar o un pastor australiano mini, que no mide más de 18 pulgadas. Sin embargo, dependiendo de su significado o procedencia, puede elegir entre una amplia variedad de colores, y puede elegir entre el estilo de exposición y la forma de trabajo. En cuanto al método de adquisición de un mini-Aussie, puede comprarlo a un criador puro, o puede buscar la ayuda de refugios de animales y grupos de rescate que ofrezcan pastores mini-Australianos.

Antes de tomar una decisión importante sobre los pastores mini-australianos en adopción, conozca todo sobre los mini-Aussies, desde sus antecedentes hasta sus comportamientos. También debe comprobar cómo debe ser un mini-Aussie de calidad. Todos los factores dependen del proveedor adecuado, por lo que también debes asegurarte de que estás tratando con buenos refugios y grupos de rescate. Pero normalmente, los voluntarios que dedican parte de su tiempo a cuidar, acicalar y rescatar a los Aussies perdidos son capaces de proporcionar animales muy cualificados para convertirse en mascotas domésticas. En cualquier caso, sigue siendo importante comprobar todos los detalles y antecedentes antes de decidirse. No querrá un perro con problemas médicos y de comportamiento, especialmente si tiene niños en casa.

Al considerar los pastores mini-australianos de los refugios de animales, hay que estar totalmente preparado para dedicar tiempo y dedicación a la elección del adecuado. De lo contrario, toda la experiencia resulta menos gratificante e incluso puede provocar frustraciones.

La adopción de un perro puede ser sencilla o complicada, según el tipo de refugio al que se dirija. Es posible que tengas que conocer las cualificaciones de un posible propietario, ya que estos refugios de animales no darán sus perros a alguien que no pueda criarlos. Por eso también tienes que preparar tu casa y tu familia si quieres que la adopción sea un éxito.

Pero, ¿por qué la gente pasa por muchas molestias para conseguir un Pastor Australiano Toy en adopción? Es porque la experiencia que ofrece ser dueño de un Toy Aussie no tiene precio. Estos adorables perros pueden aliviar sus preocupaciones diarias, hacer que se active físicamente y poner una sonrisa en su cara cada día.

Una de las mejores maneras de que el creciente número de animales no deseados forme parte de la solución es adoptar una mascota. Ahora puede encontrar refugios de animales y grupos de rescate que ofrecen australianos en adopción. Además de la oportunidad de conseguir una buena mascota, considerar la adopción de pastores australianos de juguete puede darle la oportunidad de hacer una buena acción para la comunidad. Aunque es maravilloso tener perros increíbles y con talento, la experiencia se vuelve más gratificante a través de la adopción.

Hay muchas razones para adoptar un Toy Aussie. Para empezar, estos animales pueden ser increíbles y útiles, sobre todo si se les cría adecuadamente. Pertenecen a un grupo de perros de trabajo que son muy inteligentes, obedientes y flexibles. Esto significa que puede desarrollarlos para que sean útiles en numerosas tareas. Aunque no es fácil encontrar cachorros en refugios de animales y grupos de rescate, puede tener uno que ya esté entrenado y desarrollado por sus anteriores dueños.

Muchos dudarían en considerar a los Pastores Australianos Toy para su adopción debido a la impresión errónea sobre los problemas de comportamiento. Pero los animales colocados en los refugios de animales tienen sus casos, y muchos de esos dueños anteriores renunciaron a sus mascotas debido a algunas razones válidas. La mayoría de ellos necesitan trasladarse a otro lugar en el que no se permiten las mascotas. Otros no pueden cubrir las necesidades de los perros por motivos económicos. Aunque hay perros de refugio que sufren malos tratos, los buenos refugios de animales son capaces de resolver los problemas de comportamiento para preparar la adopción.

Para estar en el lado seguro, usted tiene que estar preparado y bien informado cuando se trata de pastores australianos de juguete para la adopción. Saber qué esperar es parte de estar preparado. Conozca todo sobre una determinada raza antes de comprarla. En el caso del Aussie Toy, es el tipo que puede manejar animales más grandes, ya que fue originalmente pensado para el pastoreo. Además, puede esperar que sea activo, trabajador y dominante. Puede parecer limitado en escala, pero posee todas las características típicas del Aussie.

Esto se debe a que los Pastores Australianos Toy se desarrollaron a través de la cría selectiva y no a través de cruces. Por eso puede esperar que tenga tanto talento como sus hermanos mayores.

Capítulo 4: TRAER A CASA A TU PASTOR AUSTRALIANO

Los minipastores de Australia son una interesante raza de perros de trabajo. Son inteligentes, trabajadores y están llenos de energía. Los recientes incidentes en EE.UU. han obligado a muchos de estos perros a perder sus hogares. Quizá haya oído hablar de las ejecuciones hipotecarias, las inundaciones y los incendios forestales que han obligado a los propietarios de estos hermosos perros a renunciar a ellos. Los hogares de acogida atendidos por voluntarios se están llenando; por eso hay una necesidad real de alguien que cuide a los minipastores australianos sin hogar para su adopción.

A pesar del nombre de la raza, el perro pastor es originario de Estados Unidos. La raza se utilizó por primera vez, de ahí el nombre de la variedad de perro, para cuidar las ovejas de Australia. Necesitan mucha actividad porque fueron criados como perros de trabajo, y les gusta hacer muchas cosas salvajes cuando están inquietos.

Si es usted un amante de los perros y tiene un estilo de vida activo, este perro pastor es un compañero animal perfecto. La abundancia de energía del perro necesita ser canalizada en otro lugar. Imagínese que lleva al perro pastor cada vez que sale a correr o da un paseo enérgico. De repente, sus ejercicios se vuelven más divertidos e interesantes. Son el perro perfecto para el entrenamiento deportivo al aire libre, como la agilidad, el pastoreo y la captura de frisbees.

Debido a que fueron criados específicamente para un tamaño más pequeño, los pastores mini-australianos pueden ser perros domésticos, sólo si sus niveles de energía no se centran en las cosas del hogar. Se requiere un adiestramiento adecuado y suficiente ejercicio si se quiere mantener un hogar sano con este perro cerca. Pero son perros inteligentes que entienden enseguida si se ha comportado como un perro malo. Si no tiene la resistencia necesaria para seguir el ritmo de sus ocupados hijos, envíe a sus hijos y a su perro fuera y vea cómo se adormecen. Sus zapatos y zapatillas no cambiarán mientras se mantengan activos.

Estos cachorros pueden soltar mucho pelo. Esta es otra razón por la que se necesita una forma específica del propietario que pueda acoger a los minipastores. Sin embargo, son razonablemente fáciles de acicalar, lo cual es positivo. Durante la primavera y el otoño son los que más peso pierden.

Los minipastores de Australia fueron criados para el pastoreo de ganado. Para las familias con niños pequeños, esta habilidad defensiva es buena. Admiran y se comprometen a estar con los demás. Estos perros pueden seguir a sus hijos allá donde se les permita.

Si cree que tiene un nivel de energía acorde, conseguir el pastor australiano más pequeño que se ha puesto en adopción podría ser una buena idea. Sólo tienes que asegurarte de que tienes tiempo para correr y para ir al baño y llevar al perro al exterior. Son uno de los perros más seguros de tener por su intelecto y dedicación.

Hay recursos en Internet donde puedes encontrar dónde conseguir pastores mini-australianos en adopción. Sólo hay que recordar que hay un buen número de ellos que han perdido su hogar. Darles una nueva vida es muy gratificante para el perro y para usted y su familia.

Uno de los mejores perros de pastoreo del mundo es el pastor australiano. Altamente inteligente y con ganas de complacer, el Aussie posee un número ideal de rasgos positivos para cualquiera que busque un nuevo miembro para su familia. Son leales, cariñosos y son excelentes mascotas.

Sin embargo, debido a la inteligencia del Aussie, requieren una buena cantidad de ejercicio y atención. De lo contrario, se meterán en problemas, lo que no es raro para muchos cachorros jóvenes, pero que puede llevar a la ruina de los muebles y las pertenencias personales o a que su Aussie haga una escapada por las vallas. Al fin y al cabo, son excelentes excavadores. Al final, lo mejor es mantener a su pastor australiano ocupado y feliz, evitando así muchos de estos problemas. Cualquier número de actividades ayudará a mantener felices a los Aussies, ya sea el tiempo que pasen en un parque sin correa corriendo y jugando a la pelota, o simplemente el tiempo que pasen con la familia en el patio trasero. El punto básico es que estos perros quieren hacer algo activo, cualquier cosa, realmente, y lo más importante, quieren hacerlo con usted.

Los pastores australianos son una raza de perros muy impulsiva y enérgica, y poseen suficiente inteligencia para realizar casi cualquier tarea que se les proponga. Esto ha contribuido a que sean ideales como perros de ayuda adiestrados, útiles en diversas funciones, desde ayudar a los ciegos y sordos hasta la búsqueda y el rescate. Esto, por supuesto, tiene un beneficio directo para cualquiera que desee incluir un perro de este tipo en su familia. Significa que aprenden rápido y están dispuestos a complacer, lo que da como resultado un perro bien entrenado que puede encajar en su unidad familiar con un mínimo de problemas. Aun así, el hecho importante que hay que tener en cuenta es que son criados como criaturas de pastoreo, lo que significa que les gusta tener trabajos que hacer. En los ranchos, a menudo se utilizan para conducir el ganado, por lo que es posible que busquen hacer lo mismo hasta que estén debidamente entrenados en su entorno familiar.

Aunque su nombre es erróneo (no proceden de Australia, sino del oeste americano), el pastor australiano es una magnífica adquisición para cualquier familia. Con un poco de adiestramiento adecuado en el momento oportuno, es probable que se convierta en una de las mejores mascotas que pueda tener.

Cómo cuidar correctamente a un pastor australiano

Para cualquier propietario de una mascota, cuidar de un pastor australiano puede ser una experiencia gratificante. Si se desarrolla una rutina, en comparación con el compañerismo con un pastor australiano como mascota, los cuidados parecen mínimos.

El manejo del animal puede parecer algo desalentador para los nuevos propietarios de un Aussie. Sin embargo, hacerse cargo de un pastor australiano no es nada que deba temer. Cuando se lleva a casa un nuevo cachorro, es mejor estar entrenado. Para ello, hay que proporcionar todos los elementos necesarios para el tratamiento de la mascota que se necesiten. Para los perros, puede ser un proceso muy traumático y frustrante el traslado a un nuevo hogar. Los propietarios esperan que el cachorro, así como otros miembros de la familia, hagan la transición lo más sencilla posible.

Es fundamental asignar un lugar para que el perro duerma. La mayoría de los comercios de suministros para animales venden una amplia gama de camas y jaulas para perros entre las que elegir. Tenga en cuenta el lugar de la casa en el que debe colocarse la cama o la jaula si se elige una. Los pastores australianos necesitan un lugar en la casa donde puedan descansar y dormir cómodamente mientras no se comunican con otros miembros de la familia. Esto facilitará que el perro se ponga menos nervioso y se adapte más fácilmente al nuevo mundo.

Debe haber cuencos de agua y comida para cada perro en la casa. También se pueden encontrar en una tienda de artículos para mascotas. El siguiente paso es elegir el mejor tipo de comida para un pastor australiano. Preguntar a un criador o a un veterinario le ayudará a decidir sobre la mejor forma de alimentación ideal para la edad y el tamaño de su perro.

Para que un Aussie esté seguro, es importante que el perro acuda a un veterinario autorizado para que le haga una revisión rutinaria. Asegurarse de que el cachorro está al día con todas sus vacunas es especialmente importante para la salud del pastor australiano. Es vital que el veterinario esté debidamente informado de todos los fármacos que pueden y no deben utilizarse para tratar a los miembros de la raza Collie mientras consulta con el veterinario sobre dichos fármacos para el Pastor Australiano. Más de 50 formas diferentes de fármacos tienen efectos psicológicos nocivos en los perros Collie, algunos de los cuales también pueden provocar la muerte. Al llevar a un pastor australiano a la clínica, un propietario bien informado marcará la diferencia.

Es necesario establecer una rutina para el Aussie en las primeras semanas, con horarios fijos para el paseo, la comida, la hora de acostarse y el entrenamiento para ir al baño. De este modo, el perro adquiere una sensación de rutina que le permite adaptarse a un nuevo entorno sin problemas. Una rutina también ayuda al perro a saber lo que necesita y facilita la enseñanza del nuevo perro. Al cabo de unas semanas, muchos nuevos propietarios descubren que el pastor australiano se adapta con bastante facilidad y se convierte en un miembro de la familia muy querido y bienvenido.

Capítulo 5: ENTRENAMIENTO DE LA CASA

Problemas de comportamiento comunes

De vez en cuando, la mayoría de la gente se enfrenta a ciertos problemas de comportamiento con sus mascotas. La buena noticia es que estos retos pueden superarse con cualquier Instrucción de Pastor Australiano y un poco de comprensión y persistencia.

Los Aussies son razas obedientes, alertas, muy inteligentes, trabajadoras y activas. Con unos extraordinarios instintos de pastoreo y vigilancia, tienen un intelecto asombroso. El pastor australiano tiene fama de ser mandón, impulsivo y muy activo. Otros propietarios creen que hay que ser más mandón, ambicioso y responsable que ellos para mantener al Aussie a raya. Para saber cuál es su posición dentro de la familia, los propietarios deben ir un paso por delante de ellos, asegurándose de que los miembros de la familia aún deben conocer las reglas y ser obedientes con sus órdenes. Cuidado, puede que le esperen algunos retos de comportamiento si baja la guardia.

61

El adiestramiento de perros Pastor Australiano es parte de la clave para trabajar hacia una relación respetuosa y cooperativa entre usted y su perro. También tiene que ver con el control de la mentalidad de su perro, no el perro en sí. Usted puede descubrir algunos desafíos de comportamiento si usted no enseña a su perro quién es el jefe, y van a empezar a manipular. Algunos rasgos de comportamiento que aparecen son la masticación destructiva, los ladridos, el boca a boca, la mendicidad, la excavación, el control instintivo y el pastoreo de usted y los miembros de la familia, el consumo de heces y los saltos.

Con el refuerzo positivo, la enseñanza del pastor australiano funciona. Trabajar en forma adversa colocará al perro al borde del dilema y tal vez lo exacerbe. La mayoría de los perros no entienden qué es lo que han hecho mal porque no saben qué es lo correcto. El truco es mostrarles lo correcto y luego premiarlos por hacerlo. Utilice una voz severa para distraerlos, guíelos hacia lo que deben hacer y elógielos sólo si ve que el perro va a hacer algo que no hace.

Los aussies son perros muy sociables y no están hechos para vivir solos. Ir al adiestramiento, ir al parque a jugar, o incluso simplemente ayudar siguiéndole por la casa o el patio les mantiene trabajando y activos. Céntrese en actividades de mente y cuerpo para mantenerlos ocupados. Les encanta cualquier actividad que gire en torno al pastoreo; esto mantiene a su Aussie mental y físicamente satisfecho y tendrá menos ganas de adoptar un mal comportamiento.

El aprendizaje de la obediencia y de los trucos es una buena manera de aprovechar la enérgica personalidad de los Aussies y de mantener su mente y su cuerpo equilibrados. Se aburren fácilmente y prefieren trabajar todo el tiempo. A los Aussies les encanta controlar su entorno, incluido su espacio. Pueden ser bastante manipuladores porque intentan desplazar a las personas o a otros animales, por lo que enseñarles a respetar el espacio personal es la mejor manera de evitar los mordiscos en los talones.

Para tener una relación feliz y cooperativa con su Aussie, utilice las técnicas y consejos obtenidos en el Adiestramiento del Pastor Australiano. Usted y su familia tendrán un gran perro que trabaja y se comporta adecuadamente en lugar de contra usted.

Sin ninguna exageración, los Pastores Australianos son perros muy competentes y talentosos que pueden realizar diferentes tipos de trabajos con éxito y precisión. Su musculatura bien construida y su maravillosa confianza han aportado una chispa y un encanto adicionales a sus personalidades. Con una resolución de hierro y una increíble capacidad de adivinación, son cachorros valientes innatos. No habrá razón para vigilarlos hasta que dominen todo el programa de adiestramiento. Pueden seguir las órdenes de los maestros en Toto. Sin embargo, pueden ser agresivos e indisciplinados sin un adiestramiento e instrucción adecuados. La verdad es que el adiestramiento para ir al baño también debe ofrecerse a los pastores, siendo el momento más conveniente para darles el adiestramiento para ir al baño cuando son jóvenes. Para darles el entrenamiento correcto del potty, hay también reglas una puede mantener.

Se demuestra que es muy difícil alimentar los comportamientos en las mentes de los pastores para el entrenamiento del potty después de alcanzar la madurez. En términos de inspirarles a eliminar las cacas fuera de casa, hay varios enfoques. Se puede sacar al perro de la familia de la jaula a primera hora y empujar al cachorro de pastor a salir al exterior para hacer sus necesidades. Por la mañana, durante la pausa del almuerzo, durante la cena, a la hora de acostarse, etc., se puede sacar a los perros al exterior para que eliminen las heces. Hay que enseñar a los perros a hacer pis y caca en el exterior. Los pastores jóvenes estropearán la alfombra o el interior de la jaula si no se les enseña a hacer sus necesidades. Para eliminar las cacas fuera de la jaula y del hogar, se puede utilizar cualquier golosina para atraerlos. Debe proporcionárseles agua potable e higiénica, sobre todo durante la temporada de verano. Sin embargo, hay que guiarles y entrenarles para que orinen regularmente en un lugar determinado. La repetición es el secreto para permitirles salir de casa para orinar o tirarse pedos. Hay que dedicar un elemento a la memoria, que no sería muy útil para el seguimiento cercano durante la retirada de las cosas. Indirectamente, se puede vigilar para que los perros estén seguros y contentos haciendo pis o caca.

Hay que limpiar sin arremeter contra los perros si el cachorro se orina de alguna manera en el colchón o en la alfombra de la habitación. Algunos peligros o avisos pueden interrumpir la siguiente fase de adiestramiento para ir al baño. Hay que hacer caso omiso de la realidad y tratar de inspirarle para que haga pis o caca fuera. Sólo después de la retirada, uno no empuja a los perros domésticos de vuelta a la habitación. Después de la retirada, los perros mostrarán felicidad o se sentirán cómodos, y saldrán. Uno debe llevar a los perros de vuelta a la habitación en ese momento.

Ventajas y desventajas de tener un pastor australiano como mascota

El perro de pastoreo por excelencia es el pastor australiano. Como pastor de ovejas, saltó a la fama, y aunque probablemente se originó en las montañas de los Pirineos, se exportó a Australia y a otras zonas de cría de ovejas. Se le conoce con otros nombres, pero la mayoría sabe que es el Pastor Australiano o Aussie.

Es un perro muy reconocible debido a su singular coloración de ojos y a la hermosa coloración del pelaje merle. Normalmente nace con una cola corta, y si es más larga de 4 pulgadas, normalmente se le amputa. Es robusto, con una complexión musculosa y tiene un equilibrio extraordinario, lo que explica en parte que sea tan bueno en el pastoreo y su inteligencia. Querrá considerar un Aussie para su próxima mascota si tiene un estilo de vida muy ocupado y quiere un compañero fácil de entrenar.

Ventajas:

Un pastor australiano es una raza de perro cariñosa a la que le gusta jugar y nunca parece perder sus características de cachorro. Por esta razón, si tiene niños en su casa, es un perro perfecto para comprar. Con otras mascotas y perros, así como con todos los humanos, se lleva bien.

Es fácil de adiestrar, ya que le gusta jugar y sabe lo que quieres que haga. Tiene que establecer, como la mayoría de los perros, que es el líder de la manada. El Aussie es fácil de llevar si haces esto, y estará muy contento de seguir tu liderazgo.

El pastor australiano quiere complacer a todo el mundo y protege muy bien a su familia. Su mascota se desenvolverá mejor si se le acondiciona para ser utilizado como perro guardián si se le da la oportunidad. Además de ser intuitivos, tienen una gran vista. Su animal sabrá lo que se espera de él, por lo que es más fácil de adiestrar.

A menos que se trate de pastoreo de ganado, un Aussie de compañía no es agresivo. Es un amigo protector y fiel que constituye un buen perro para la familia. A este perro no le gusta nada más que arrear el ganado, así que es el perro para usted si tiene animales que necesitan ser acorralados. El pastoreo parece ser instintivo, ya que se sabe que patos, gansos e incluso niños intentan pastorear.

Contras:

Para evitar que se sienta solo y sea potencialmente agresivo, necesita actividad humana todos los días.

El Aussie es una raza maravillosa, pero tiene mucha energía para ser un perro casero. Todos los días debe tener mucha acción. Puede probar una nueva raza de perros si no tiene un gran jardín o si no saca a su mascota para que haga una gran cantidad de ejercicio cada día.

Aunque los pastores australianos son un perro resistente, hay una preocupación que puede aparecer en ellos. Un elemento que puede causar ceguera y sordera es también el gen que crea su coloración merle dulce. Además de las cataratas, los cachorros deben someterse a pruebas de sordera. A veces, los Aussies con bobtails pueden desarrollar defectos vertebrales extremos. En algunos de estos perros, la displasia de cadera es otro problema potencial. Estos síntomas no se detectan en ambos y no deberían considerarse lo suficientemente graves como para impedirle considerar uno como mascota o ayudante.

Al igual que otros perros, para ser la mascota perfecta, los Aussies requieren un buen entrenamiento. Afortunadamente, este gato tiene una inteligencia superior a la media, así como una integridad que se ve en pocos perros. Hágase un favor si necesita un buen compañero que también pueda ayudar en la granja o el rancho y eche un vistazo al pastor australiano. Se alegrará de haberlo hecho.

Capítulo 6: SOCIALIZAR CON PERSONAS Y

La gente disfruta con la domesticación de los cachorros. Se puede suponer, en lo que respecta a los pastores australianos, que el pastor australiano es una especie de raza americana utilizada en los ranchos de ganado. Miden entre 18 y 23 pulgadas de altura, y su peso oscila entre 35 y 70 libras. Están diseñados con un pelaje doble de longitud media. Este pelaje puede ser liso o marcelado. Sin embargo, esta raza puede ser multicolor, como una combinación perfecta de rojo, azul merle, negro azabache o rojo merle. Su pelaje también se construye con marcas. En cuanto al tratamiento, hay que tener el debido cuidado y consideración para protegerlos de trastornos como la displasia de cadera, la mala visión, la sordera o la ceguera, etc. Deben ser vacunados para reforzar la resistencia de su cuerpo.

Antes de comprar los pastores australianos, hay que centrarse en si se va a mantener a los perros en casa para la seguridad doméstica o si se va a dedicar al manejo del ganado y al pastoreo de animales. Para fines domésticos, uno puede comprar pastores australianos indiferentes y educados, pero los perros pueden ser competitivos y dinámicos para el pastoreo de ganado. Existen algunas dudas y malentendidos sobre su originalidad en cuanto a los orígenes de los pastores australianos. Aunque se les considera pastores australianos, probablemente forman parte de la línea de cría utilizada tradicionalmente por los pastores vascos del sur de España. Los pastores vascos tuvieron que aventurarse a las costas americanas en 1875. En esa época traían consigo estos organismos. Posteriormente, estos perros se extendieron por todo el mundo de esta manera, y más tarde estos perros fueron conocidos como pastores australianos por el American Kennel Club. Su aspecto es muy audaz y decidido. Es de doble capa, con los pies redondos y las extremidades rectas. Están disponibles en los siguientes colores: azul, azul merle, rojo merle, todo rojo.

Estos cachorros son muy obedientes con sus dueños. Con la perfección, rastrearán el hogar. Este perro es muy exitoso y profesional en la vigilancia de la propiedad y la casa adyacente en la noche bajo la cobertura de la oscuridad penetrada. Por lo tanto, los perros guardianes nocturnos son muy exitosos y profesionales. También harán que los propietarios de la casa sean conscientes del peligro inevitable.

Este perro tiene un potencial de persecución muy potente. Por lo tanto, estos perros pueden ser entrenados y presionados en acción para tener autoridad sobre el pastoreo de ganado y el ganado en los ranchos de ganado.

Uno de los aspectos más significativos de la enseñanza es la socialización del perro. Cualquier propietario necesita un cachorro bien educado, tranquilo y de temperamento uniforme, y con una socialización adecuada comienza el camino hacia ese estado. Exponer a su perro a otras personas y a otros animales domésticos es crucial para garantizar que se comporte correctamente y le ayudará tanto a él como a usted a aliviar la tensión.

Es preferible que el mecanismo comience lo antes posible para que arraigue mejor. Es mejor socializar a un cachorro entre las tres y las doce semanas de edad, cuando los cachorros son más receptivos y están más alerta. En esta etapa de su crecimiento deben acostumbrarse a las nuevas circunstancias y entender cómo deben y no deben actuar, que son las claves de la socialización de un perro.

Por supuesto, tanto si adopta un perro de edad avanzada como si su cachorro tuvo que ser aislado por cualquier motivo cuando era joven, no siempre es posible iniciar la socialización del perro tan pronto. Pero eso no significa que un perro anciano no pueda socializar. Siempre es posible socializar adecuadamente, independientemente de la edad, siempre que se haga de la forma correcta. Una forma perfecta de empezar es con un paseo matutino, en el que puede conocer a personas y perros de forma instintiva y poder controlar la reacción de su perro ante ellos.7. Ejercicio físico y mental

Capítulo 7: EJERCICIO MENTAL Y FÍSICO

La raza Pastor Australiano es comúnmente llamada Aussie. Es de tamaño medio, bien equilibrado y robusto, un hermoso perro de aspecto rústico. El perro tiene un cuerpo ligeramente más largo que su altura, desde el suelo hasta la cruz. Su cabeza debe estar en proporción con el cuerpo, siendo el hocico ligeramente más pequeño que la parte posterior del cráneo, los dientes deben ser de mordida de tijera o de nivel. Los ojos son ovalados y vienen en azul, ámbar o marrón; esto incluye motas de color en los ojos. Este perro tiene orejas triangulares que son redondeadas en las puntas. Su pecho es profundo, llegando hasta el codo. Las patas delanteras son rectas y perpendiculares al suelo. La cola no debe ser más larga de 10 centímetros, y si es más larga, suele estar amputada. El pelaje es de longitud media con un aspecto ondulado. Tiene una capa de subpelo que puede variar según el clima. Sus patas delanteras tienen un ligero plumaje; estos perros tienen una melena y un volante, más evidentes en el macho de la raza. En esta raza, los colores que se encuentran son el rojo sólido, con o sin marcas blancas, y pueden tener puntos cobrizos o fuego, rojo merle, negro y azul merle.

Historia: El perro pastor australiano no es australiano, sino que proviene de las montañas de los Pirineos, entre Francia y España. Se ha utilizado como perro de pastoreo en los ranchos de toda Australia. Se cree que este perro se cruzó con las razas Collie. Otros nombres que tiene este perro son Bobtail, Pastor de California, Nuevo Mexicano, Blue Heeler y Perro Pastor.

Temperamento: La raza de perro Pastor Australiano se mantiene como un cachorro incluso en su vida adulta. Es fácil de llevar y maravilloso con los niños. Les encanta jugar y son muy ágiles; es un perro encantador que es cariñoso y atento. Es muy inteligente y fácil de adiestrar. Al decir esto, el perro necesita ejercicio mental y físico diariamente, o se aburren y entonces pueden volverse problemáticos. No son buenos perros para dejarlos solos, ya que pueden volverse nerviosos y destructivos. Necesitan socialización para ayudarles a aceptar a los extraños. Pueden ser agresivos en el trabajo pero son buenos con sus familias humanas. Son buenos perros guardianes y pueden ser muy valientes.

Problemas de salud: El pastor australiano puede sufrir numerosos problemas de salud, por lo que se recomienda encarecidamente una buena revisión antes de adquirir este perro. Estos son algunos de los problemas de salud. La coloración merle es muy buscada, pero también existe el factor de sordera/ ceguera dentro de este gen. Esto es sólo en el cruce merle/ merle. La cría natural de bobtail con bobtail puede dar lugar a que algunos cachorros tengan graves defectos en la columna vertebral. La epilepsia es otro factor que puede aparecer.

El cuidado de la piel: Sorprendentemente, la raza Pastor Australiano necesita poco aseo. Sólo es necesario cepillar de vez en cuando con un cepillo firme. Bañar al perro cuando sólo es necesario es suficiente para esta raza.

Condiciones de vida: Aquí tenemos un perro moderadamente activo, pero que no se adapta a la vida en un apartamento. La raza Pastor Australiano necesita un jardín bastante grande.

En este apartado, vamos a ser francos. Resulta que me encanta que Frank, nuestro tonto labrador negro, tenga sueño. Sinceramente, pienso: "¡Vaya! Unos breves minutos sin intentar satisfacer sus deseos de cachorro - Que alguien me dé comida; Caramba, estoy seriamente deshidratado; ¿Podría salir fuera, podría, podría, podría; ¿Podría por favor asegurarse de tirar la puerta trasera abierta para que pueda lo, tanto si desaparece en el dormitorio antes de tiempo como si se levanta más tarde o, preferiblemente, descansa bastante cuando estoy haciendo el trabajo, digo," ¡Vaya!

¿Sabes por qué el tópico de que un perro cansado es un perro más feliz? Por supuesto, creo que un perro cansado es también un canino muy feliz. Sin embargo, puede que el sabueso no esté tan emocionado. La mejor manera de ver a Frank arropado es pasear junto a él. Incluso entonces, el ejercicio no puede ayudar con muchos problemas burdos de los perros cachorros, como masticar los sofás, hacer trinos con algún pequeño ruido no humano o tratar de morder las manos reales del cartero si se cuela el correo por el agujero de la valla.

No obstante, el ejercicio permite obtener un cachorro divertido, contento y equilibrado. ¿Eh? ¿Sueño? No demasiado, tal vez. Después de hacer un ejercicio decente, personalmente nunca me cuesta sentirme algo animado. Hay un par de direcciones aquí:

Perros más pequeños

Normalmente, estos perros pequeños requieren más práctica de ejercicio y relajación que los perros mucho más grandes. Sin embargo, pueden contentarse con correr por el patio o incluso en la casa debido a su tamaño reducido. Subir las escaleras con algún juguete de peluche supone una inmensa alegría para su pequeño perro y le proporciona suficiente ejercicio para el día dos veces al día en tan sólo media hora.

Perros grandes

En cuanto al tema de los juegos enérgicos subiendo la escalera, muchos caninos altos no lo son. De hecho, aparte de quizás un filete caliente, no consigo que Frank suba los escalones en línea recta para coger ningún objeto. Para eso, con dos pies, este labrador negro lo hará. Por lo general, los grandes k9s quieren unas cuantas rondas fáciles los paseos de bloque cada día, así como 10-20 minutos de tira y afloja. Es eso. Por lo tanto, son felices y listo para la siesta ... OTRA VEZ.

Razas

El tamaño no es tan crucial para los requisitos de actividad de su perro como la raza específica de su cachorro. Así que, de la a a la z, lo que sigue es un desglose de las preferencias de ejercicio físico por razas de perro específicas.

Requisitos mínimos de ejercicio

Cavalier King Charles Spaniel

Pinscher miniatura

Pekinés

Carlino

Caniche de juguete

Requerimientos de ejercicio bajos

Basset Hound

Beagle

Collie Barbudo

Bichon Frise

Boston Terrier

Chihuahua

Dachshund

Bulldog inglés

Spaniel inglés de juguete

Bulldog Francés

Galgo

Lhaso Apso

Caniche miniatura

Parson Russell Terrier

Pembroke Welsh Corgi

Pomerania

Shih Tzu

West Highland White Terrier

Yorkshire Terrier

Demanda de ejercicio físico moderado

Sabueso afgano

Airedale Terrier

Malamute de Alaska

Bulldog Americano

Border Terrier

Borzoi

Boxer

Bull terrier

Bullmastiff

Cairn Terrier

Chow Chow

Collie

Dálmata

Cocker Spaniel Inglés

Pastor Alemán

Schnauzer gigante

Golden Retriever

Gran Danés

Gran Pirineo

Lobo irlandés

Labrador Retriever

Schnauzer miniatura

Perro pastor inglés antiguo

Pointer

Rhodesian Ridgeback

Rottweiler

San Bernardo

Caniche estándar

Schnauzer estándar

Weimaraner

Whippet

Fox Terrier de alambre

Mayor exigencia de ejercicio

Ganado Australiano

Pastor Australiano

Border Collie

Doberman Pincher

Setter inglés

Springer Spaniel inglés

Setter Gordon

Setter irlandés

Terranova

Perro pastor de Shetland

Husky siberiano

Espero que te ayude a hacer que tu mejor compañero canino de 4 patas sea una elección humana saludable. No adquiera un Border Collie si no le gusta hacer ejercicio. Un bonito Caniche Toy puede ser tu cachorro. Ejercitar a su perro según su temperamento, tamaño y, sobre todo, la raza es vital. Es necesario que seas sincero contigo mismo para elegir el mejor perro para ti y para saber hasta qué punto quieres estar dando vueltas bajo la lluvia todo el invierno haciendo que tu perro haga ejercicio y, en algunas situaciones, incluso que tenga sueño.

Capítulo 8: ENTRENANDO A TU PASTOR AUSTRALIANO

Cuando se siguen los consejos e instrucciones correctas, el adiestramiento con correa de un pastor australiano puede ser un trabajo bastante sencillo. Los pastores australianos son perros de pastoreo, y son muy inteligentes y muy atléticos, como la mayoría de los perros de pastoreo. Necesitan mucho ejercicio y relajación, y es importante que paseen con regularidad para agotar sus recursos físicos y mentales.

Los pastores australianos tienen un impulso de presa muy elevado, que puede ser difícil de manejar pero no imposible de entrenar. Una vez que usted se establece como el dominante en su relación con su perro, hace la vida mucho más simple para el entrenamiento y la convivencia general con su perro.

Cuando empiece a adiestrar a su pastor australiano para que le ponga el talón con la correa, es importante que encuentre una zona amplia con la menor distracción posible para que le preste toda su atención y no se le dispare su instinto de presa.

Con su perro a su lado izquierdo, empiece a caminar en línea recta si tira de la correa, deje de caminar y detenga su avance.

No lo arrastre hacia usted, deténgalo en su camino. Vuelva a posicionarse, de modo que esté de nuevo en el punto de partida y comience a caminar de nuevo. Continúe este proceso durante unos 10 minutos 2 o 3 veces al día, y el perro empezará a sentirse cómodo con la correa.

Cuando se haya acostumbrado a caminar en línea recta, empiece a cambiar de dirección al azar cada diez pasos. Así se acostumbrará a responder a sus movimientos. Siga repitiendo estos pasos a diario durante unas semanas y empiece a incorporar la orden verbal de escorar cada vez que le corrija.

A medida que se acostumbre a escorar a su orden, empiece a exponerlo a diferentes situaciones y distracciones y continúe con los ejercicios.

El pastor australiano como perro de trabajo

Inicialmente, el pastor australiano fue criado para ser un perro de trabajo. Muchas personas simplemente ignoran todas las posibilidades de una raza tan flexible como el Aussie al decidir qué raza de perro tener. La mayoría de los propietarios de Aussies utilizan el perro para fines de trabajo, y hay muchas maneras en que un propietario puede utilizar esta raza trabajadora.

La mayoría de los Aussies se utilizan con fines de pastoreo en las plantaciones. En esta misión, la raza sobresale, y son ampliamente utilizados para el pastoreo de caballos, ovejas y cabras. En esta raza, el instinto de pastoreo es tan fuerte que son una adición excepcional a una granja con ganado como cerdos, ovejas o cabras.

Cuando se compra un Aussies con fines de trabajo, es importante empezar a entrenar al perro para el pastoreo lo antes posible. La disciplina es uno de los problemas más críticos que plantean los propietarios a la hora de adiestrar a un pastor australiano. Sin embargo, si se utilizan palabras duras con un pastor australiano, el perro reaccionará de forma sensible, de la misma manera que lo haría si se le castigara físicamente.

Reforzar las órdenes básicas a diario ayudará a que el perro sea más receptivo a nuevas instrucciones. Una vez aprendidas las órdenes básicas, será más fácil adiestrar a su pastor australiano. Algunas de las órdenes básicas que deben enseñarse son sentarse, quedarse, venir y tumbarse.

El pastor australiano aprende rápido y tiende a captar las órdenes con bastante rapidez. La raza acepta bien las instrucciones y está muy en sintonía con lo que se espera de ella en términos de tareas y responsabilidades. Un pastor australiano tiene una gran capacidad de resolución de problemas y es rápido a la hora de resolver dilemas de forma independiente.

Cuando se entrena a un Aussie, es importante establecer un sentido de dominación, para que el perro sepa quién está al mando. Al igual que con cualquier raza de perro, es importante enseñar las órdenes básicas de obediencia, y un pastor australiano no es diferente. Descubrirá que criar a un perro obediente es mucho mejor que criar a uno al que se le permite correr libremente y portarse mal.

Cuando su Aussie esté entrenado en el arte del pastoreo, se convertirá en una valiosa herramienta de trabajo en la granja. Esto ha hecho que el pastor australiano sea muy popular como raza de trabajo. Muchos propietarios los consideran una de las herramientas más importantes con las que trabajan a diario. Debido a su personalidad de gran energía, a un Aussie le encantará el ejercicio que supone el pastoreo, así como la estimulación mental que recibe.

La verdad sobre los pastores australianos que debes conocer.

Descubre cómo es, cómo actúa, sus atributos. Saber sobre esas cosas es importante. Antes de tener uno como gato, esto te hará pensarlo dos veces.

___

- Son conocidos por ser el mejor grupo de mascotas en la comunidad canina.

- Aussie es un perro de tamaño mediano y bien construido que tiene el pelo encantador que viene en colores notables.

- Por lo general, los pastores australianos son perros generalmente mimosos, entrenables, sensibles, adorables y mascotas de crianza, animados y devotos compañeros.

- Prosperan con el ejercicio entusiasta y el rendimiento atlético.

- Esta raza es muy brillante y necesita un adiestramiento sencillo. Comprende muy rápidamente las nuevas órdenes.

- El Aussie es excepcionalmente flexible cuando está bien entrenado; se le puede enseñar y hacer casi todo. Es una de las razas más inteligentes.

- Es extremadamente triturador. Se desprende mucho pelo de los jardines. Descubrirá pelo por todo el jardín de la casa y atrapado en cualquier lugar. El pelo de longitud media de los pastores australianos sólo necesita un fregado temporal. Pero si el jardín arroja demasiado pelo, podrías encontrarte fregándolo día a día para eliminar la reducción de pelo.

- Son perros guardianes protectores.

- Cuidadosamente prudentes en sus relaciones sociales, contactan fácilmente con parientes cercanos e invitados, y los aceptan como miembros de la familia.

- Los Aussies toman medidas cuando ocurre algo. Nunca suelen retroceder ante ningún obstáculo, y su capacidad de resolución de problemas y su flexibilidad hacen que intenten controlar la situación y nunca se rindan.

- Actúan y piensan. Si da a sus pastores australianos una rutina diaria y les proporciona actividades, eliminará o evitará cualquier mal comportamiento. La belleza de estas razas es que entienden tan rápidamente que les resulta divertido practicar. Debido a su adaptabilidad, puedes meterlos en cualquier juego de perros, y van a disfrutar mucho.

Se ha hablado mucho de los gustos, los atributos y la forma de actuar del Pastor Australiano. Ahora, vamos a hablar de los consejos útiles que puede proporcionar a sus Aussies que tienen suficiente estimulación mental. Ya que se aburren fácilmente, puede satisfacerlo con juegos/actividades estimulantes en la rutina. A continuación se enumeran actividades emocionantes que sus pastores australianos pueden disfrutar y mantener su cerebro trabajando:

- Enséñale regularmente trucos

- Juegue con él al escondite. Esta actividad educa a los Pastores Australianos para que se acerquen a usted. También es una excelente ayuda para la conexión y educa a su perro para que confíe en usted.

- Establezca problemas en el jardín trasero y muéstrele cómo hacer el recorrido.

- Deje que atrape algo. Este juego ayuda a enseñarle a tener el control. Puede añadir una pelota de tenis o un juguete y lanzarlo de un lado a otro para que el perro lo recupere. Dale una recompensa cuando lo consiga.

- Déle algo de comer para que hurgue (huesos deliciosos pero difíciles de matar)

- Colección de juegos

- Jugar al "flyball" con él es estimulante

Cuando la gente se encuentra por primera vez con el perro pastor australiano, a menudo se asombra al saber que la raza no es australiana, sino que es verdaderamente americana, ya que surgió del crisol de inmigrantes (y sus perros) en el oeste americano. El Aussie original es un perro de trabajo desarrollado a partir de la ganadería que se extendió por el Oeste americano en el siglo XIX y que continúa en la actualidad.

Los perros de tamaño suficiente para enfrentarse al ganado eran muy apreciados por su fuerza, agilidad e inteligencia. Así, la aportación de varias razas, como el Collie Inglés original, los perros Pastor de los Pirineos y quizás también el Coolie australiano, condujo al desarrollo de un típico perro de ganado americano que podía encontrarse en casi todos los ranchos. Este fue el origen del pastor australiano, un verdadero pionero americano.

De perro trabajador a mascota suburbana

Sin embargo, la belleza del Aussie llamó la atención de los amantes de los perros, y pronto los pastores australianos fueron criados como mascotas para el mercado suburbano. Estos Aussies de exposición conservan hasta cierto punto su temperamento de perro de trabajo, pero el verdadero perro de raza Aussie tiene un carácter mucho más duro. Es un poco como el "perro de ciudad" y el "perro de campo".

Los perros de exhibición suelen criarse más por su aspecto, con lo que se pierden algunos de los rasgos ideales para un perro de trabajo. Los Aussies casi desaparecieron como perros de trabajo, ya que estaban siendo criados por su aspecto y su temperamento de "mascota" en lugar de por su excelencia como perros de reserva.

Requisitos de un buen perro de trabajo

Ha habido un resurgimiento del Aussie como perro de trabajo, y hay muchos Aussies que son excelentes perros de pastoreo y se ganan su sustento con creces. Algunos criadores crían Aussies específicamente como perros de rancho. Un buen perro de pastoreo necesita idealmente las siguientes características:

- Fuerte instinto de pastoreo - esto es principalmente un rasgo genético.

- Un jugador de equipo - el perro quiere complacer a su dueño y perdona fácilmente cualquier corrección. El perro debe ser altamente entrenable y no obstinado.

- Confianza y alta autoestima - permiten al perro no estresarse demasiado por el trabajo y le permiten superar cualquier ganado obstinado y no dejarse intimidar por ellos.

- Entusiasmo - los perros deben tener un alto grado de interés por el ganado y no dejarse disuadir por una patada de la vaca o por la corrección del adiestrador.

- Buen pelaje - a veces se crean pelajes excesivamente pesados al criar para la exposición; un perro necesita un buen pelaje para el clima, pero no uno que acumule constantemente rebabas.

- Ética de trabajo: la voluntad de ponerse a trabajar y no distraerse fácilmente. El perro debe tener un conocimiento innato de que el ganado es su carga, no su juguete.

En definitiva, el pastor australiano es un perro de trabajo, ante todo.

¿Sueña con adoptar un nuevo perro y se pregunta si será difícil criar cachorros de pastor australiano? Los Aussies son perros muy inteligentes que tienen instintos de pastoreo y persecución bien desarrollados. Los australianos son excelentes amigos y mascotas de la familia si se les cuida bien. Sin embargo, pueden irritarse e incluso avergonzarse si no tienen la disciplina y la preparación adecuadas.

Los Aussies necesitan conocer su posición en la jerarquía familiar y, mediante la enseñanza, la aprenden. Si cree que un pastor australiano es un perro para usted, la educación será una parte importante de su vida con el cachorro durante los primeros seis meses.

La constancia y la repetición son los aspectos principales de la escuela del cachorro de pastor australiano. Los Aussies están ansiosos por reaccionar y disfrutan de ser recompensados, por lo que pueden esforzarse por repetir el comportamiento y recibir más atención cuando se les trata bien por un comportamiento específico. Su cachorro de Aussie será increíblemente rápido de entrenar, siempre y cuando usted esté atento y dando elogios cuando sea necesario. Adoptarán una serie de hábitos de forma automática en poco tiempo. Dado que los pastores australianos son receptivos a la enseñanza, son mascotas perfectas para los niños y pueden convertirse en amigos fabulosos para los discapacitados o los solitarios.

Los cachorros de pastor australiano se adaptan fácilmente al adiestramiento, por lo que no es difícil enseñarles. Sin embargo, son perros muy ocupados y, durante los primeros seis meses de vida, necesitarán una gran cantidad de cuidados concentrados. El adiestramiento de los cachorros de pastor australiano debe consistir en la socialización, el adiestramiento de obediencia y el entrenamiento basado en la agilidad o el juego. La jerarquía familiar se verá amenazada por los Aussies, que buscarán voluntariamente usurpar a su compañero en la cama, etc. Para garantizar que su perro siga siendo un miembro feliz del hogar, tendrá que tener mano dura para no incurrir en estos hábitos.

Si consigue ser estricto y disciplinado y dedica algo de tiempo a enseñarles cada día, la enseñanza del pastor australiano cachorro no es difícil. Por suerte, a los Aussies les gustan los retos de adiestramiento y responderán a sus esfuerzos con entusiasmo. Recuerde las horas invertidas en la crianza de su cachorro y crea en su propio perro milagroso. Al practicar nuevas técnicas y trucos, su Aussie se alegrará de complacerle a usted, lo que luego utilizará para complacer a sus compañeros. Por lo tanto, los propietarios de perros se toman el tiempo para estudiar las técnicas de adiestramiento de cachorros de pastor australiano que son simples y directas.

Si desea adoptar un pastor australiano, póngase en contacto con el grupo de rescate más cercano. Estos grupos de rescate ofrecerán Aussies en adopción. Tendrá que rellenar un largo formulario de solicitud y aceptar una visita a domicilio de uno de los voluntarios del grupo de rescate. Si es un adoptante adecuado, le aprobarán, y si hay un perro que se ajuste a su solicitud, se lo darán. En caso contrario, se le inscribirá en una lista de espera.

Hay una cuota de adopción que se paga cuando se recoge el perro. Esta cuota varía de unos pocos dólares a unos cientos, lo que depende del coste del grupo de rescate. Esta cuota puede incluir los honorarios del veterinario para cosas como el esparcimiento y las vacunas. Antes de que un perro de rescate se ponga en adopción, se somete a un periodo de estabilización con un voluntario. Esto implica ejercicio, cuidados y atención de calidad, y algo de adiestramiento básico.

Al considerar la adopción de pastores australianos, debe tener en cuenta ciertas cosas. Estos perros no sólo necesitarán mucho ejercicio, sino también una gran cantidad de cuidados y atención. El adiestramiento debe comenzar tan pronto como el perro esté en su casa. Esta raza es inteligente y a los perros inteligentes les gusta dominar. Esto debe eliminarse pronto. Tienen que saber que usted es el amo. Los pastores australianos son pastores por naturaleza, y picarle los talones puede parecer divertido, pero es su pastor australiano tratando de arrear a los humanos y afirmando su dominio.

Puede pensar que los pastores australianos que se dan en adopción son perros con problemas mentales o de comportamiento. Esto no es así. Los grupos de rescate no aceptan perros agresivos. El objetivo principal de los grupos de rescate es rescatar a los Aussies, cuidarlos y realojarlos buscando hogares adecuados. Lo más probable es que los problemas de comportamiento estén relacionados con la falta de ejercicio o un adiestramiento inadecuado. Los voluntarios harán todo lo posible para asegurarse de que los perros rescatados vayan a un hogar cariñoso.

Los pastores australianos son muy versátiles, pero cuando adopte un Aussie, espere tener que hacer algún trabajo para conseguir que su perro esté bien entrenado y sea obediente. Esta raza no sólo es inteligente, sino que son leales, cariñosos y muy protectores. Por lo tanto, si adopta un pastor australiano, dele muchos ejercicios, un adiestramiento correcto, la socialización y el amor y los cuidados. Entonces no sólo tendrá un perro para toda la vida, sino un perro que le dará amor, atención y protección eternos. Sin embargo, decida de antemano si está preparado para dedicar el tiempo y los cuidados necesarios a su perro. Si puede, no se sentirá decepcionado.

Teacup Pastores Australianos

La creciente cría de los perros más pequeños en una camada de cachorros da lugar a una generación de Aussies aún más pequeños, conocidos como pastores australianos "teacup". Su popularidad aumenta debido a su aspecto tan bonito. Tienen las mismas características que el típico pastor australiano, pero son mucho más pequeños en altura: son cariñosos, entusiastas, competitivos, obedecen y saben pastorear.

Estos Aussies Teacup son un poco más pequeños que los Pastores Australianos "toy" o miniatura y tal vez erróneamente marcados como su generación más antigua a menudo. A la altura de los hombros, estos teacups miden menos de 25 cm y pesan entre 2 kg y 10 kg. Los pastores australianos "toy" miden entre 25 cm y 35 cm, mientras que la altura de los Aussies "miniatura" está entre 35 cm y 40 cm. Su peso varía entre 10 kg y 20 kg y entre 20 kg y 30 kg. Los tres tipos de pastores australianos suelen tener las mismas marcas de color. Sus colores son el negro, el rojo o el azul, y pueden combinarse marcas de color canela o blanco con estos colores. Una larga línea que se extiende desde la parte posterior de la cabeza hasta la región del hocico debe incluir las únicas marcas blancas que deben aparecer en su frente. Este tipo de perro suele tener un pelaje ondulado de medio a largo y suave al tacto. El pelo también puede ser ligeramente más largo en la parte posterior de su cabeza y cuello, además de la parte posterior de sus muslos, que el pelo en la parte superior, o por encima de la región de las orejas. Una característica más de los Aussies "Teacup" es que sus orejas son flexibles y peludas. Para ser llamado un auténtico Pastor Australiano de Taza de Té, el perro tiene que tener todos estos criterios.

Estos perros son grandes compañeros para los niños pequeños porque son perros adorables y juguetones. Son enérgicos, leales y muy protectores. Sirven de compañía pero defenderán a sus pequeños dueños si sienten que están en peligro debido a su valentía. Al igual que el Aussie estándar, estos teacups son pastores natos. Cuando son cachorros, les gusta mordisquear los muebles o los tacones de las personas que pasan por su lado. Al igual que los pastores australianos estándar, los teacups "arrean" a los niños si el perro no ha recibido el adiestramiento adecuado de antemano.

Con los Teacups, al igual que con cualquier otra raza de perro, debe establecerse como líder de la manada, pero de forma firme y cariñosa. La falta de liderazgo suele provocar ladridos extravagantes, saltos e incluso mordiscos. El compañerismo se construye mediante un ejercicio temprano de adiestramiento del cachorro para que se apropie del hogar y de los miembros de la familia. Lleve a su cachorro a las excursiones familiares, a la caza, a las compras, a la pesca o a cualquier actividad al aire libre. Esto disminuirá el dominio del cachorro, y también disminuirá los intentos del cachorro en un período de tiempo más corto.

Pastores Australianos de Taza de Té que no querrá perderse

Los pastores australianos Teacup son posiblemente una de las razas más amigables y lindas de un perro pequeño. Regularmente pesan entre 4 y 9 libras y miden menos de 10" en el hombro. Equivocadamente llamados Pastores Australianos "toy" o Pastores Australianos "miniatura", los teacups son un poco más pequeños. Los juguetes en el hombro van de 10 "a 13" y pesan entre 10 y 16 libras. En el hombro, las miniaturas son 14 "a 15" y pesan entre 18 y 30 libras. Los tres tipos de pastores australianos suelen tener marcas de color idénticas. Tienen colores negros, rojos o azules, pero pueden combinarse con una marca bronceada o blanca. La única marca blanca que debe aparecer en su cara debe ser una larga franja que se extiende desde la parte posterior de la cabeza hasta la región de la nariz. La única marca blanca que debe aparecer en su cara debe ser una larga franja que se extiende desde la parte posterior de la cabeza hasta la región de la nariz. Muchos de estos perros suelen tener un pelaje ondulado y suave al tacto, de medio a largo. El pelo debe ser ligeramente más largo alrededor del cuello y en la parte posterior de las patas que el que rodea la cabeza o las orejas. Las patas del pastor australiano de la taza de té son relajadas y suaves. Para ser llamado un auténtico Pastor Australiano teacup, un perro debe cumplir estos criterios.

Más que a la mayoría de las razas de perros, al Pastor Australiano Teacup le encanta ser físicamente activo. Si no puede pastorear ovejas, necesita hacer algo, ¡cualquier cosa! Eso hace que su Aussie sea el candidato perfecto para el entrenamiento y la competición de agilidad canina.

Antes de comprar este perro, debe repasar algunas de las características de los pastores australianos teacup. Estas características son las siguientes:

- Son buenas compañías cuando se trata de niños pequeños.

- Amigables, cariñosos, leales y protectores.

- Ayudan a sus cuidadores defendiéndolos cuando es necesario.

- Deben ser adiestrados adecuadamente, y es fácil entrenarlos.

- Son muy inteligentes y sabios.

- Pueden entender lo que sus dueños quieren.

- Son muy activos y les encanta hacer unas u otras cosas.

- No se les debe dejar sin hacer nada. Además, es muy importante mantenerlos sanos haciendo ejercicio, ya que un ejercicio inadecuado les haría sentir pánico e inquietud. Incluso pueden acabar comiéndose los zapatos o rompiendo sus accesorios.

- Tienen un carácter dominante. Por lo tanto, hay que entrenarlos bien para que no actúen como un líder. Tienes que asegurarte de que eres un líder para no acabar actuando como un mandón. Hazlo de forma cariñosa pero asegúrate de establecer tu imagen de líder frente a ellos.

- Son agresivos cuando no se les da la oportunidad de demostrar sus cualidades de liderazgo. Sin embargo, si intenta cazar o realizar cualquier actividad al aire libre, sentirán que los involucra, lo que podría ayudarlos a superar su actitud dominante.

- Son los mejores animadores.

- Les encanta abrazar a sus cuidadores y hacer que su casa sea encantadora y llena de energía.

- Son los compañeros perfectos para cualquier persona que se sienta sola o esté sola.

Con su mente joven, inteligente y activa, estos Aussies de taza de té resultan ser los mejores.

Capítulo 9: COMANDOS DE OBEDIENCIA

Como perros de trabajo o como mascotas, los pastores australianos son muy utilizados. En la actualidad ha aumentado la adquisición de esta raza como perro de exposición.

Como caballo, perro de trabajo o perro de exposición, muchos futuros propietarios tienen que considerar si comprar o no un pastor australiano. Contrariamente a la creencia popular, en comparación con sus homólogos de trabajo, existen grandes diferencias en el aspecto de los perros y en su crianza.

Al considerar un nuevo cachorro de pastor australiano, debe tener en cuenta que otros se adiestran para ser mascotas familiares o perros de trabajo, mientras que otros se utilizan con fines de exhibición. Éstas son las principales diferencias entre cada propósito. Los cachorros de calidad de mascota no están a la altura del estándar de la raza, pero aun así, son un gran perro de compañía. Los perros de exposición y de cría son animales que cumplen los requisitos físicos del estándar de cría.

Independientemente de que compre un pastor australiano como mascota o como perro de exposición, algunos de ellos no pueden soportar el entorno de las exposiciones. Dicho esto, hay algunos perros de exposición que no se ajustan al estándar de la raza con las especificaciones exactas y aún así pueden convertirse en ganadores.

Cuando se compra un pastor australiano para participar en competiciones, hay varias cosas que el cachorro debe aprender para tener éxito en el ring. Los fundamentos de la disciplina suelen ser lo primero que se enseña a un nuevo cachorro. Muchos propietarios de pastores australianos coinciden en que la raza es fácil de adiestrar en las órdenes básicas. El Aussie fue criado específicamente para aprender a recibir instrucciones de su amo, y la raza es muy inteligente y tiene una gran capacidad para resolver problemas.

Si está entrenando a su Aussie para que sea un perro de exhibición, una de las habilidades más importantes a enseñar es la obediencia. Enseñar a cualquier perro la obediencia básica es una buena idea para formar una mejor relación y vínculo con su mascota. Los comandos básicos como quedarse, sentarse, tumbarse y venir son vitales para que su perro tenga un buen rendimiento en el ring de exposición. Una vez dominados los comandos básicos, algunos propietarios también disfrutan haciendo que el perro participe en la habilidad de rastreo, el frisbee, los cursos de agilidad, el fly ball y muchos otros deportes relacionados con los perros.

Las personas que compran un pastor australiano como perro de exposición también descubren que el perro es una gran mascota familiar, un compañero atento y un excelente y versátil perro de trabajo.

La preparación del pastor australiano es un aspecto vital para mantener la vida manejable con un Aussie. Afortunadamente, los Aussies responden bien al adiestramiento, y aprenden fácilmente y son una delicia para enseñar, ya que son extremadamente inteligentes. La constancia es el secreto del éxito del adiestramiento de un pastor australiano, como lo es para todos los perros. A los Aussies les gusta la estructura y responden especialmente bien a conocer su lugar en la jerarquía familiar. Son perros juguetones y querrán correr y retozar con usted a menudo. A los Aussies se les da especialmente bien jugar al frisbee y a las carreras de obstáculos. Su Aussie aceptará los retos y aprenderá rápido, por lo que tendrá que estar atento.

Comience el adiestramiento de su pastor australiano con órdenes sencillas: siéntese, agáchese y elogie a su perro cada vez que ejecute con éxito una orden con caricias, elogios o golosinas para perros. Cuando hayan dominado estas órdenes, puede pasar a peticiones de obediencia más complicadas. Tenga cuidado de reforzar siempre los aspectos básicos a medida que avanza hacia nuevas órdenes.

Como los australianos aprenden tan rápido, puede ser fácil pasar por alto cosas, pero a través de la repetición, una orden aprendida se convierte en una respuesta automática. Al tratar con pastores australianos, la continuidad de las expectativas es importante. La mejor solución es recordar constantemente las lecciones anteriores: "sabes hacer esto, y ahora quiero que hagas esto también".

Una vez que las sesiones de adiestramiento del pastor australiano han ayudado a su perro a dominar los aspectos básicos, puede divertirse con el entrenamiento. Con un Aussie, Fetch puede traducirse fácilmente en Frisbee; el instinto de persecución puede transferirse fácilmente a la carrera de obstáculos. La clave con un Aussie es comunicar lo que se espera y recompensar al perro por actuar como se espera. La clave para que el adiestramiento sea manejable y rápido es mantener las sesiones cortas y centradas y aprovechar el deseo natural de la raza de complacer. Hacer saber a un Aussie que está satisfecho con él es fundamental para el éxito del adiestramiento.

El adiestramiento del pastor australiano es necesario para conseguir un perro bien adaptado y de buen comportamiento. Parte del adiestramiento que realice será para frenar y enfocar los instintos naturales de pastoreo y persecución, así como para establecer una autoridad sin paliativos. Parte del adiestramiento de su Aussie será para divertirse. Sea como sea, un pastor australiano necesitará ese adiestramiento para conocer su lugar en la jerarquía familiar y sentir que ofrece una contribución vital a la vida familiar. Padres de cachorros, de ustedes depende descubrir las increíbles formas de entrenar a su Aussie.

Los pastores de Australia se consideran perros de tamaño medio. Estos perros son muy trabajadores y valientes. Por lo tanto, si alguien les anima a participar en un juego de pastoreo o a demostrar que pueden hacerlo bien sin ninguna sesión de adiestramiento inicial que respalde el propósito, los pastores australianos son muy competentes para manipular a los animales de pastoreo ya que este estilo de trabajo forma parte de su instinto fundamental.

Los pastores australianos tienen un pelaje largo y peludo. La capa interior del pelaje es suave y hermosa, y la capa exterior del pelaje es gruesa. Los Aussies son muy conocidos por su comportamiento deportivo. Su estilo de vida de balanceo y salto es mucho más atractivo y emocionante. Están ansiosos por jugar con los niños pequeños. En el momento de una sesión de entrenamiento, son muy obedientes. Es un hecho que los Aussies disfrutan mucho de la amistad. Disfrutan de la compañía humana. Apoyaron a los pastores desde el principio en el terreno de los pastos para explotar los animales de pastoreo. Este tipo de interacción con el mundo humano hace que se socialicen. No se puede negar que hay que tener el debido cuidado y consideración para enseñarles a comportarse perfectamente.

Para que se acostumbren al nuevo mundo, hay que darles lecciones de socialización. Es cierto que los pastores australianos son muy sabios y astutos, pero hay que educarlos científicamente. Hay que enseñarles la lección de obediencia. La enseñanza de la obediencia es uno de los elementos más vitales. Pueden ser descuidados y revoltosos sin obediencia. Es muy urgente enseñarles a responder favorablemente al escuchar las órdenes de los amos para mantenerlos en un ambiente hogareño. A cambio, los amos pueden ser muy tolerantes y deben utilizar diversas recompensas y juegos para atraerlos y que aprendan rápidamente sin ningún estorbo. Si se deja a los perros sin ninguna tarea, una cosa es muy obvia que pueden sentirse tristes y monótonos, lo que puede hacer que se enfaden. Sin embargo, para entender las características y comportamientos de los pastores australianos, se puede buscar en Internet para reunir muchos conocimientos y detalles.

En este sentido, se pueden aprovechar ciertos manuales de adiestramiento llenos de programas y estrategias de entrenamiento revisados. En el adiestramiento de los pastores australianos, también son útiles los peluqueros o entrenadores profesionales. Por último, pero no por ello menos importante, uno se enfrentará a las deficiencias en la mejora de la actitud y las acciones de los Aussies sin una preparación previa o una concepción específica.

Más información sobre los pastores australianos

El primer tipo de pastor australiano se vio por primera vez en la parte occidental de América, a medida que aumentaban las ovejas importadas de Australia. Con el paso de los años, estas razas y el ganado crecieron en número para los colonos de California, y vieron el valor de tener perros pastores para asegurar sus animales.

Las partes occidentales del país eran más desagradables en cuanto al calor, sobre todo en las zonas meridionales, muy secas. Es mucho mas abrasador de lo que estos inmigrantes o sus perros de trabajo habian conocido antes. Y dentro de los lugares del noroeste, hacía mucho más frío de lo que estaban acostumbrados.

Debido a esto, había una gran necesidad de una raza de perro de trabajo que pudiera soportar estos elementos. Circunstancias como el impresionante clima tormentoso, el calor casi insoportable y el frío se experimentan generalmente en este país. El importante perro que necesitaban debía tener la capacidad de responder inmediatamente a los movimientos de las ovejas, así como a la voz de su amo, independientemente de las circunstancias en las que se encontraran. Así fue como comenzó la raza del Pastor Australiano. Esta raza de perro se adapta bien a cualquier tipo de ambiente. Con un poco de adiestramiento en las órdenes básicas, pueden realizar rápidamente cualquier trabajo de pastoreo, ya que tienen la capacidad natural de trabajar con animales o ganado. Pero la singularidad del perro Aussie no es su capacidad de trabajo, sino la increíble conexión que elige tener con su amo durante toda su vida.

Hoy en día, los pastores australianos todavía pueden ser descubiertos como animales de rancho de trabajo porque todavía llevan a cabo las mismas responsabilidades en California como lo hicieron hace muchos años. La única distinción hoy en día es que hay dos tipos de pastores de Australia. La mayoría de los pastores australianos han sido precisamente inseminados para ser mascotas o para exposiciones caninas, mientras que el otro tipo de pastores australianos es particularmente entrenado para trabajar al igual que la raza original de Australia.

Un Aussie criado para trabajar tiene una constitución más ligera, es notablemente atlético y tiene un pelaje más ligero que un Aussie criado para exposiciones. Son increíblemente brillantes y dinámicos, pero no son hiperactivos. Son devotos, responsables y protectores cuando se les necesita. Estos pastores australianos no se recomiendan para la mayoría de las casas de mascotas suburbanas, ya que requieren ejercicio intenso con regularidad y desafíos mentales. Se desenvuelven mejor en un entorno agrícola, haciendo aquello para lo que fueron criados, el pastoreo de ganado.

Estos pastores australianos heredan el instinto de pastoreo, pero esto no es tan evidente en el Aussie de raza de trabajo. Los más conocidos por ser compañeros de familia apasionados y cariñosos son los Aussies de raza de exposición. Además, estos perros domésticos no se dejan superar por sus hermanos de granja. Estos perros se pueden encontrar trabajando como guías para ciegos, perros de terapia general, perros de búsqueda y rescate, detectores de drogas y perros de audición para sordos. También son muy competitivos en obediencia, agilidad, utilidad y otras actuaciones disciplinadas. Inesperadamente, cada vez más personas consideran a los pastores australianos como el tipo de perro preferido en Estados Unidos.

Capítulo 10: LIDIAR CON COMPORTAMIENTOS NO DESEADOS

Puede encontrar muchos Mini Pastores Australianos en adopción a través de las categorías de ahorro de mascotas. Aunque estas mascotas son compañeros increíbles y son excelentes con los niños, sus demandas de energía y su intelecto son a veces difíciles para las personas que no tienen tiempo para dedicar a sus mascotas.

Por lo general, las organizaciones de salvamento de mascotas son empresas sin ánimo de lucro compuestas por voluntarios dedicados a la raza de los pastores australianos. Su objetivo es llevar a los Aussies huérfanos a un hogar que sea cariñoso, atento y duradero. Normalmente, los grupos de rescate sólo aceptan mascotas de raza pura, pero algunos aceptan mezclas de Aussies en el programa. La mayoría de estos perros fueron recuperados de refugios y perreras, mientras que algunas mascotas ya no pueden ser mantenidas por sus dueños por alguna razón.

A continuación se enumeran algunos rasgos del pastor australiano y de las mezclas:

Los pastores australianos y las mezclas se han utilizado como perros guía para las personas con discapacidad visual, perros de utilidad para los discapacitados físicos, perros de ayuda auditiva para las personas sordas y con problemas de audición, perros de las fuerzas del orden y de narcóticos, y perros de búsqueda y rescate.

El Aussie es un perro muy enérgico que necesita hacer mucho ejercicio con regularidad. Si le gusta la vida al aire libre, una buena carrera, y tiene mucha atención y amor para dar, ¿por qué no adoptar uno?

Las mezclas de pastores australianos tienen todos los excelentes atributos de un perro de raza pura, a menudo sin los problemas de salud heredados debido a la endogamia. Lo mejor de todo es que cuando adopta una mezcla de esta raza, adopta un compañero único en su especie.

Hay varias preguntas para determinar si adoptar un perro pastor australiano es una buena decisión.

- ¿Está preparado para asegurarse de que el perro madurará hasta convertirse en un compañero de buenos modales entrenándolo de forma constante?

- ¿Tiene mucho tiempo para enseñarle?

Debe ser capaz de establecer el liderazgo para que el perro pueda colocarse en su lugar de forma instantánea, ya que los pastores australianos tienen la tendencia a dominar debido a su inteligencia. También tienen una poderosa actitud de pastoreo y son muy activos. Si no se les disciplina correctamente, pueden hacer cualquier cosa no deseada como morder los talones a cualquiera.

Si está seguro de poder manejar este tipo de raza, pero cree que nunca tiene suficiente atención y tiempo, puede probar a adoptar en centros de rescate. No todas las mascotas de estos lugares tienen problemas de comportamiento. Algunas mascotas fueron entregadas por familias que necesitan trasladarse a otro lugar, mientras que otras se perdieron y fueron recuperadas de las perreras.

Antes de asumir la responsabilidad de tener un perro como mascota, es necesario tener en cuenta que tener una mascota es algo a largo plazo. Hay que estar preparado para dedicar tiempo, dinero, energía y mucha perseverancia. Ser un propietario responsable de un perro incluye ofrecer a su mascota las necesidades primarias, como comida y refugio.

Las versiones más pequeñas de las razas de perro tradicionales están ganando en popularidad en los últimos años. Uno de estos perros, el "Teacup Australian Shepard", es una versión de tamaño reducido de su primo, el pastor australiano estándar. Tienen muchos de los mismos rasgos, como la vivacidad, el intelecto y el énfasis en el pastoreo, aunque son una fracción de la escala de los Aussies típicos. Cualquiera que esté pensando en tener un Aussie de Taza de Té debería entender cinco aspectos esenciales antes de tomar una decisión.

1.) Tamaño - A menudo se asocian con juguetes y miniaturas, las tazas de té miden sólo entre 4 y 9 libras y miden menos de 10" en el hombro. En comparación, los juguetes suelen pesar entre 10 y 16 libras y miden entre 10" y 13" a la altura del hombro. Por último, las miniaturas pueden pesar entre 18 y 30 libras y medir de 14" a 15" en el hombro.

2.) Aspecto - La mayoría de los pastores australianos en taza de té son negros, azules o rojos. A menudo se mezclan con varios tonos bronceados o blancos en su pelaje. Las franjas blancas suelen comenzar en la región del hocico y se hunden hacia la parte posterior de la cabeza. El pelo largo y suave es una de las principales características de estos perros. El pelo de la región del cuello y de la parte posterior de las patas es también comparativamente más largo que el de la cabeza y la superficie de las orejas. Las orejas de los Teacups también son algo blandas. También es una buena idea informarse sobre su historial de cría si está interesado en comprar un teacup de raza pura para ver si hay problemas de enfermedades que aparezcan.

3.) Manerismos - Los pastores australianos de taza de té son famosos por su lealtad y sentido defensivo y suelen llevarse bien con los niños. Al igual que los Aussies de tamaño estándar, los Teacups a menudo tratan de picar los talones cuando son un cachorro. Este sentido inherente a la manada es un rasgo importante que deben recordar los propietarios de teacups. Sin embargo, los teacups también tienen una inteligencia inherente y un afán por aprender cosas nuevas. Por lo tanto, su instinto natural de pastoreo se puede tratar fácilmente durante el adiestramiento. Para los propietarios que disfrutan de los mimos, los Teacups Australian Shepherd pueden ser el mejor amigo para abrazar y amar.

4.) Ejercicio - Como todos los perros, los teacups necesitan una rutina básica de ejercicios. Esto puede variar de programado correr o caminar a tiempo de juego en los parques o patios. Esto no sólo ayuda a lidiar con los problemas de peso, sino que reducirá el comportamiento no deseado que puede resultar de la ansiedad y la energía acumulada.

5.) Disciplina - Aunque los teacups son obedientes y juguetones, al igual que otros perros miniatura, hay que enseñarles a evitar malos hábitos como morder objetos y ladrar. Los propietarios deben desarrollar un fuerte papel de liderazgo desde el principio. De lo contrario, adquirirán malos hábitos como ladridos excesivos, saltos e incluso mordiscos. Para minimizar la tendencia a la dominación, entrene a los teacups en algunas reglas como el senderismo, la pesca o incluso los trucos de caza. Estas actividades al aire libre seguramente frenarán las ganas de dominar del Aussie en un tiempo muy preciso.

Estos adorables y dulces perros pueden ser una increíble adición a cualquier familia como miembro de la misma si reciben ejercicio regular, un entrenamiento adecuado y una orientación exacta.

¿Es el perro para usted?

La American Stock Dog Association reconoce tres tamaños de pastores australianos: normal, miniatura y toy. Un "teacup" es el más pequeño de la gama toy. El estándar de la raza exige que los tres tamaños del Aussie se ajusten a las características tradicionales del pastor australiano, que es un perro de pastoreo extremadamente inteligente, versátil y entrenable.

El tamaño importa

Los pastores australianos miniatura medidos en la cintura deben tener una altura de 18 pulgadas. Pueden pesar hasta 40 libras, pero los Aussies miniatura más pequeños pueden pesar de 25 a 30 libras. Por otro lado, el Pastor Australiano Toy debe medir 12 pulgadas a la altura de las caderas y pesar 13 libras. Lo ideal es que los criadores desarrollen perros con todas las características y rasgos tradicionales del pastor australiano: resistencia, intelecto, fuerza y motivación.

¿Son los pastores australianos de taza de té perros mal criados?

La Asociación Americana de Perros de Raza reconoce tres tamaños de pastores australianos: normal, miniatura y toy. Un "teacup" es el más pequeño de la gama toy. El estándar de la raza exige que los tres tamaños del Aussie se ajusten a las características tradicionales de la raza: un perro de pastoreo muy inteligente, flexible y entrenable.

Cualquier desacuerdo se dirige a las versiones miniatura y toy de la raza. Al igual que los pastores australianos, el American Kennel Club no entiende los dos tipos más pequeños. Algunos criadores afirman que los tipos miniatura y toy son perros de calidad inferior con una genética pobre. Sin embargo, está bien aceptado que en las líneas de sangre típicas del pastor australiano también se crían cachorros de menor tamaño.

Además, hay que tener en cuenta que todas las razas de perros han evolucionado a partir de la cría de tamaños o tipos únicos y que una "normalidad" idéntica de la raza también conllevará una reducción de la inteligencia y de otros rasgos cuando se hace hincapié en la apariencia o el tamaño de la raza. No obstante, algunos criadores sin escrúpulos no intentan buscar perros de calidad para criar y planean producir cachorros "atrofiados" y comercializarlos como tazas de té o juguetes. Hay que desanimar a estos criadores y, puesto que a veces proceden de "granjas de cachorros" en las que no se cuida el bienestar de los perros de cría, también hay que dejar de comprar perros de juguete en las tiendas de animales.

Para garantizar que el temperamento del Aussie se mantenga fiel a la raza, los criadores activos de los Pastores Australianos Toy y Mini seguirán utilizando las líneas de sangre tradicionales rectas. Existen varias Sociedades de Pastores Australianos Miniatura y de Pastores Australianos Toy en Estados Unidos que pretenden proteger el prestigio de la raza. Es bueno asegurarse de que una de ellas pertenece a su criador.

¿Cuáles son las características de la taza de té de los pastores australianos?

El Teacup es un perro muy pequeño y deportivo, perfecto para vivir en la zona. Sin embargo, esto no significa que se le pueda dejar aislado y sin hacer ejercicio. Son increíblemente inteligentes y se educan rápidamente, pero necesitan estar activos. Son adecuados para familias con un estilo de vida activo o para individuos.

En ambos casos, no adquiera un perro sólo por el factor "bonito", sino asegúrese de que puede darle un hogar que lo cuide y que pueda responsabilizarse de ejercitarlo y enseñarle. Al final, se verá recompensado con un gato fantástico.

Los pastores australianos no son sólo un híbrido entre el pastor australiano y una raza de perro más pequeña, al contrario de lo que se puede creer. Por el contrario, sus inicios se remontan a los años 60, cuando los criadores tomaban los perros más pequeños de la camada y los criaban, trabajando para que los perros fueran cada vez más pequeños. Así surgió el pastor australiano miniatura, así como las variedades toy y teacup de menor tamaño. Esto funcionó muy bien para las personas que viven en espacios más pequeños, o dentro de la ciudad, que deseaban tener un perro con todos los increíbles atributos de un Pastor Australiano sin tener que lidiar con el tamaño completo.

Hay varios puntos importantes que debe tener en cuenta cuando busque un criador cualificado, pero el más importante es que debe haber sido criado a partir de líneas de campeones de tamaño completo. Esto es imprescindible, ya que así se asegurará de que el perro tenga una buena estructura ósea y mantenga las características de corazón de un perro de trabajo fuerte. Se buscan fallos en la línea genética, lo que significa que el criador habrá sometido a sus perros a pruebas y podrá presentarle los resultados de dichas pruebas. Los problemas que surgen pueden encontrarse en los codos, las tiroides, las rótulas y posiblemente los ojos. En este último caso, el criador debería tener un certificado para comprobar los ojos del perro. La pareja de cría también debería ser enviada para comprobar cualquier anomalía genética.

Un buen criador también velará por el bienestar del perro, su felicidad, ante todo. Teniendo en cuenta la gran energía e inteligencia de estos perros, un criador cualificado querrá asegurarse de que usted es consciente del tipo de perro que está adquiriendo antes de comprar uno. Si se les deja solos demasiado tiempo o se les deja sin adiestrar, los miniatura encontrarán formas de divertirse y, en la mayoría de los casos, eso significa hacer travesuras en su casa y quizás jugar con objetos personales que usted preferiría dejar en paz. Puede que empiecen a ladrar todo el tiempo, o a saltar, cavar bajo la valla y escaparse.

Un criador cualificado también buscará varias cosas de usted. Los buenos criadores del pastor australiano miniatura piensan primero en la felicidad de sus perros y buscan que vayan a un hogar que los aprecie. Teniendo en cuenta la gran energía que caracteriza a estos perros -requieren mucho ejercicio y atención-, los criadores quieren asegurarse de que usted puede proporcionar estas cosas antes de venderle un cachorro. Como los pastores australianos miniatura son perros inteligentes, encontrarán formas de entretenerse si se les deja solos. Sin embargo, el resultado de este tipo de acciones seguramente no será de su agrado. Los métodos más comunes para cuidar de sí mismos consisten en ladrar continuamente, escarbar y escaparse, y morder cualquier cosa que les llame la atención. Estos perros proceden de la raza de perros pastores fuertes, y el instinto se mantiene a pesar de su pequeño tamaño. La excitación y el ruido de la gente les resultarán atractivos, y pueden recurrir a picar los talones si no han recibido el adiestramiento adecuado. El criador le preguntará, y usted debe preguntárselo a sí mismo, si puede mantenerlos lo suficientemente ocupados para que no se metan en problemas a pesar de lo ajetreada que es su vida. Un perro no entenderá que usted esté ocupado o cansado, y debe llegar a comprender y comprometerse a dar paseos diarios y a jugar, aunque sólo sea lanzando una pelota o un frisbee en el patio trasero durante un rato. Al igual que los pastores australianos más grandes, los pastores australianos miniatura vienen con una naturaleza guardiana arraigada e instintiva, y deben ser socializados adecuadamente. De lo contrario, es posible que se muestren demasiado reservados con los extraños.

Con un conocimiento adecuado de la raza y un criador que críe cachorros de pastor australiano miniatura de calidad, puede asegurarse de encontrar un perro que se adapte al temperamento y al estilo de vida de su familia. Al igual que con todos los demás tamaños de esta espectacular raza de perros, el pastor australiano miniatura quiere hacer, lo que abarca casi cualquier cosa que se encuentre haciendo. Estos perros enérgicos, leales e inteligentes son la raza perfecta para cualquier persona que se desplace o esté dispuesta a llevar un estilo de vida activo con su nuevo miembro de la familia.

Capítulo 11: Viajar

"Criadores de pastores australianos."

Localizar un gran criador de pastores australianos puede ser más fácil de lo que cree, especialmente si sabe qué y dónde buscarlos.

Visite las exposiciones caninas

¿Dónde puede encontrar grandes criadores? Para empezar, recorra los mismos círculos que recorren los propietarios de pastores australianos. Vaya a las exposiciones caninas y hable con estos propietarios. Ellos también le darán valiosos consejos, incluyendo los nombres, para buscar con los mejores criadores. Y qué criadores evitar.

No se sorprenda de encontrar criadores en las exposiciones. Esto le da la oportunidad perfecta para aprender sobre los cachorros australianos sin sentirse obligado con ningún criador. Puede encontrar el criador perfecto para usted en la exposición. Uno con un compromiso con la raza, y podrá reconocerlo por la forma en que alivia cualquier preocupación que pueda tener sobre su nueva aventura.

Preguntas para el criador

1. Pida ver el pedigrí de los cachorros que está considerando adoptar.

Una vez que vea los papeles, es bueno saber qué buscar. Busque que aparezcan al menos tres generaciones. Algunos expertos en perros dicen que deberías buscar un cachorro con al menos cinco generaciones conocidas.

2. ¿El embarazo fue planificado o no?

Un embarazo no planificado puede significar que se trata de un perro que no es un pastor australiano. Puede que no le importe si va a adoptar al cachorro estrictamente como mascota familiar. Pero si con el tiempo quieres criar o exponer a tu perro, esto podría ser un punto crucial.

3. Si el embarazo fue planeado, eso abre más preguntas que debes hacer. La primera debería ser: ¿Por qué el criador eligió ese macho en particular para engendrar la camada?

¿Se eligió el macho por mera conveniencia? ¿Tenía ya el padre y decidió criar a los animales? ¿O eligió a propósito un macho que consideraba que tenía las cualidades adecuadas -y que sería capaz de transmitirlas- a los nuevos cachorros?

4. Pregúntele por los defectos de la madre y del padre.

Un buen criador será sincero con usted en esta cuestión. Hablará de los defectos de ambos progenitores, pero al mismo tiempo también debería hablar de sus ventajas y buenas cualidades.

5. ¿Cuál era el objetivo de la cría?

Si la respuesta es para ganar dinero, ya sabe que tendrá que buscar otro criador. Aunque es comprensible ganar unos cuantos dólares extra criando pastores australianos, un verdadero criador lo hace por su amor a la raza. Un buen criador nunca sacrifica la calidad de la camada o el linaje de la raza para ganar dinero.

Aplicando esta información, la búsqueda de un gran criador de Pastor Australiano, le asegurará el éxito en la búsqueda del cachorro perfecto para usted y su familia.

Reglas al viajar con una mascota

Millones de hogares se van de vacaciones cada año, y eso significa también llevar a la mascota de la familia. Viajar con un animal de compañía tiene sus propios retos y obstáculos. Sin embargo, una planificación adecuada puede aliviar la mayoría de los dolores de cabeza y hacer que el viaje sea agradable para todos, incluido Fido o Fifi.

Hay siete reglas que siempre sigo cuando llevo a mi amigo Max, un pastor australiano de dos años, de viaje. Le va muy bien viajar, y creo que lo disfruta tanto como nosotros los humanos.

Regla n° 1 - Asegúrate de llevar siempre un bozal y una correa. Los animales pueden excitarse o ponerse nerviosos en situaciones o entornos nuevos y pueden reaccionar de forma inesperada. Incluso la mascota más tranquila y bien educada puede decidir repentinamente lanzarse a través de una carretera con mucho tráfico o saltar sobre el amable anciano del próximo surtidor de gasolina. El control constante de tu mascota garantizará su seguridad y la de todos los demás.

Regla n° 2 - Lleve siempre agua, un plato y bolsas para los excrementos, tanto si va en coche como en avión. Asegúrese de ofrecer agua a su animal con frecuencia y de que también tenga la oportunidad de hacer sus necesidades. Si vas en coche, la mayoría de las paradas de descanso tienen áreas especiales para tu mascota. Ah, y asegúrate de recoger sus cosas cuando terminen.

Regla nº 3-Nunca deje a su mascota en el coche a temperaturas extremas. No puedo insistir lo suficiente en esta regla. Esto es un reto cuando se viaja en verano, especialmente. El calor puede aumentar rápidamente en un vehículo cerrado, y las mascotas pueden sufrir enfermedades relacionadas con el calor por estar en un coche cerrado durante tan sólo 30 minutos. Si tiene que parar en algún sitio y dejar a su mascota en el coche, siga unas sencillas pautas. Asegúrese de aparcar a la sombra, mantenga todas las ventanillas abiertas al menos 15 centímetros para favorecer la circulación del aire y evite que le dé el sol utilizando viseras en las ventanillas. Nunca deje a su mascota en el coche más de 30 minutos, incluso con las precauciones anteriores. Cuando regrese, asegúrese de dar agua a su mascota y de permitirle que se refresque bajo un árbol o a la sombra.

Regla nº 4 - Lleve huesos o juguetes para masticar. Si su perro está acostumbrado a sus huesos o juguetes para masticar, asegúrese de llevárselos. Puede que decida que su zapato está muy bien si no tiene sus huesos para masticar.

Regla nº 5 - ¡No olvide el ejercicio! Esto es muy importante, especialmente para los perros con mucha energía. Necesitan encontrar una salida a su excitación después de estar sentados en el coche durante mucho tiempo, así que debes asegurarte de que tienen la oportunidad de desahogarse y jugar. Lleve una cuerda larga para atar en su collar y permitirles correr de forma controlada en las paradas de descanso o en su destino.

Regla n° 6 - Premios y recompensas por buen comportamiento. Cuando viaja, es un buen momento para recordarle a su mascota cómo comportarse correctamente con los extraños y en diferentes entornos. Lleve golosinas y trabaje con él con la correa. Estará encantado de lo bien que se comporta cuando recibe golosinas.

Regla n° 7 - Lleve una jaula para vuelos y pernoctaciones. Si va a volar, será necesaria, pero también querrá una por si tiene que dejar a su mascota en una habitación de hotel o en casa de unos amigos. El animal más educado puede decidir repentinamente hacer un daño costoso si se le deja solo en un lugar extraño. No entienden que usted piensa volver, así que pueden intentar escapar o ser destructivos. Esto podría costarle a usted en daños y a ellos en lesiones. Asegúrate de que tienen un lugar seguro con el que están familiarizados para tranquilizarlos y protegerlos.

Si no puede o no quiere alojar a su mascota cuando viaja, seguir estas sencillas reglas le ayudará a usted y a su mascota a tener un viaje agradable.

A pesar de toda la información sobre los pastores australianos, una verdad que a veces se desconoce es que el pastor australiano no es de Australia. Lo más probable es que se criaran en algún lugar de los Pirineos, entre España y Francia, pero esto sigue sin estar claro, ya que las razas, tal y como las conocemos hoy, no existían antes de la época victoriana. Gran parte de lo que sabemos de la historia de una raza es una conjetura.

Los antepasados del Aussie moderno fueron probablemente una mezcla de razas, algunas ya extintas, que dieron lugar al perro moderno que conocemos. Como se ha mencionado, este perro podría haber sido el resultado de la cría entre perros en cualquier lugar desde España hasta Francia, pero no tiene por qué haber sido limitado. Se cree que en alguna parte de su historia hay perros de pastoreo británicos y alguna raza procedente de Alemania. Cuándo tuvo lugar exactamente esta cría, y cuáles fueron los resultados de cada generación, es, por supuesto, una incógnita.

La información común sobre los pastores australianos es que son uno de los mejores perros de pastoreo del mundo. Son perros inteligentes, rápidos y adaptables cuyos talentos naturales se han aprovechado para muchas funciones de trabajo diferentes, además del pastoreo. Algunos de sus talentos incluyen la recuperación, la vigilancia, el trabajo policial que incluye la detección de narcóticos, la búsqueda y el rescate, y los perros guía.

Se ha conjeturado que su nombre se debe a que algunos de los primeros ejemplares de la raza que llegaron a América lo hicieron a bordo de barcos que transportaban ovejas australianas, a las que naturalmente se dedicaron a pastorear. Sea como fuere, su ganado está especialmente adaptado a las diferentes condiciones extremas que se dan en cualquier lugar en el que se encuentre el ganado vacuno o de otro tipo. Pueden soportar las temperaturas frías o las semiáridas, al tiempo que aguantan las tormentas y otros sistemas meteorológicos de este tipo que a veces asolan el Medio Oeste americano.

Otro nombre que podría darse a la raza es el de pastor californiano. Con la fiebre del oro a finales del siglo XIX, una migración masiva de cazadores de fortuna viajó y se instaló en la costa oeste. Trajeron sus rebaños de ovejas y vacas, y para ayudarles, trajeron sus perros pastores. En todos los sentidos, estos animales estaban perfectamente adaptados para realizar sus tareas de pastoreo en California y otras zonas de las llanuras.

A diferencia de sus orígenes, la información sobre los pastores australianos de años más recientes es mucho más fácil de rastrear. En Nevada, California, Arizona, Colorado, Idaho y el noroeste del Pacífico, el desarrollo de esta raza comenzó a ver sus raíces modernas. Se llevó a cabo una cría selectiva, que puede verse en el surgimiento de los Aussie en taza de té y en miniatura y en aquellos casos en los que se enfatizó el instinto de cría y se trabajó para hacer un animal de pastoreo aún más eficaz. Las líneas de sangre fundacionales pueden verse en la Tabla Genealógica del Pastor Australiano, y hace varias décadas, se formó el Club del Pastor Australiano. Todo esto es para ayudar a asegurar la fuerza continua de la proliferación de este increíble perro.

Hay pocos perros tan capaces, inteligentes y atléticos como el pastor australiano, así que si está buscando un perro trabajador o simplemente uno para el hogar, éste es el animal perfecto para usted.

Capítulo 12: Nutrición

Los pastores australianos son perros muy energéticos y con grandes necesidades alimentarias. Aprenda a alimentar a un Aussie aquí.

Los pastores australianos, criados originalmente como perros de pastoreo inteligentes y competentes, son mascotas sanas de tamaño medio que suelen ser más felices cuando tienen mucho tiempo para correr y jugar. A la hora de determinar la cantidad de comida que deben recibir, es importante su nivel de ejercicio y otras consideraciones, como la edad y el tamaño del perro. Para asegurarse de que sus mascotas reciben la cantidad adecuada de alimento, los propietarios deben estar atentos a la condición física de sus perros.

ALIMENTACIÓN SECA: La comida seca para perros tiene la ventaja de ser rápida de almacenar y fácil de comer. Además, ayuda a mantener los dientes del Aussie limpios al cepillar cualquier acumulación de placa. Muchos alimentos secos para perros se suministran en función del peso del perro. Los pastores australianos adultos suelen pesar entre 35 y 60 libras, siendo el rango de peso más común para los machos y las hembras de entre 45 y 55 libras. Necesitan entre tres y cuatro tazas de alimento seco al día, en todas partes.

Comida congelada: Los propietarios de Aussies que eligen proporcionar una dieta cruda y nutritiva a sus perros a menudo quieren alimentarlos con una dieta congelada que se hace comercialmente. Normalmente, estas dietas incluyen una mezcla de carne cruda y verduras y se venden en forma de hamburguesas, bolas o gordas cilíndricas. Un pastor australiano de 50 libras suele necesitar alrededor de una libra de comida congelada al día. Es necesario manipular adecuadamente la comida cruda para perros, por lo que se manipularía cualquier carne cruda de la misma manera. Descongele el alimento en el frigorífico, tire cualquier alimento que su perro no consuma en los 30 minutos siguientes a su ingesta y, después de utilizarlo, lávese las manos, los utensilios, las superficies de trabajo y el cuenco de su perro con agua caliente y jabón para evitar que se infecten las bacterias. Antes de servir a su perro carne cruda, consulte con un veterinario.

ALIMENTOS ENLATADOS: Para su pastor australiano, la comida enlatada para perros debe utilizarse como comida completa, pero los perros que sólo comen alimentos blandos pueden requerir una ayuda especial para sus dientes y encías.

Antes de que suponga una complicación, las galletas para perros y los juguetes de goma dura ayudan a extraer la placa; la limpieza de los dientes del perro también puede ayudar. Elija un alimento adaptado a las necesidades del perro, escogiendo entre un alimento polivalente o uno elaborado para cachorros o perros de edad avanzada específicamente para problemas de salud concretos. Si su perro no es muy activo, siga dándole media lata al día por cada 5 kilos de peso corporal. Con un límite de hasta cinco latas al día o más, los cachorros activos o preñados utilizan casi el doble. Muchos propietarios suelen alimentar a su pastor australiano con una sola lata al día, sustituyendo alguna de las croquetas y combinando las dos para producir una comida semihúmeda.

CONSIDERACIONES: Los perros ancianos y los cachorros tienen necesidades particulares que el pastor australiano adulto normal. En general, los cachorros de Aussie necesitan más calorías que los perros adultos del mismo tamaño. Los perros empiezan a ralentizarse a medida que van madurando, pero muchos pastores australianos siguen participando hasta bien entrada la tercera edad. Los Aussies que no hacen ejercicio y juegan mucho no requieren demasiado azúcar, y para mantener un peso más saludable, su dieta debe reducirse. Los preñados y los lactantes necesitan comida adicional, normalmente en cantidades crecientes desde el momento en que las crías empiezan a desarrollarse hasta el destete durante el embarazo.

Capítulo 13: Aseo

Las personas que buscan un perro inteligente, leal y enérgico deberían considerar la posibilidad de adquirir un pastor australiano. También conocido como Aussies, esta raza de perro se está haciendo bastante popular en todo el mundo. Muchas personas no están familiarizadas con las características de este perro. Si quiere saber más sobre los pastores australianos, aquí tiene algunos datos que debe conocer.

Características físicas

La altura media de los Aussies machos de tamaño estándar es de 52 a 59 centímetros (20 a 23 pulgadas), mientras que la altura media de las hembras Aussies es de 46 a 53 centímetros (18 a 21 pulgadas). Esta raza de perro pesa aproximadamente entre 18 y 29 kilogramos, dependiendo del sexo.

Su pelaje suele reconocer a los pastores australianos. El pelaje de un Aussie suele tener grandes manchas de diferentes colores de pelaje. Los colores del pelaje van desde el rojo merle, el negro, el rojo sólido o el azul merle. Su pelaje es de textura media y tiene una longitud moderada. El pelo del Aussie puede ser liso o ligeramente ondulado. También son resistentes al agua. Los Aussies son una raza de doble capa, lo que significa que tienen una capa interna de pelo. La cantidad de subpelo depende del clima. El pelo de la cabeza, de la zona delantera de las patas delanteras y de la parte exterior de las orejas es suave y corto. En cambio, el pelo de las nalgas y de la parte posterior de las patas delanteras es moderadamente abundante.

El color de los ojos de un Aussie puede ser azul, marrón o ámbar. Los ojos también pueden ser de dos colores diferentes. Algunas personas piensan que esta variación natural hace que un Aussie tenga un aspecto aterrador, pero esa es una opinión bastante inculta, en mi opinión.

Características y rasgos de comportamiento

Los Aussies son inteligentes y a la mayoría de los propietarios les resulta fácil entrenarlos. También son criaturas activas y no se conforman con estar todo el día sin hacer nada. Se irritarán si no reciben la cantidad necesaria de actividad física cada día. Esto puede hacer que su Aussie busque actividades por sí mismo, que pueden no ser de su agrado, como morder sus zapatos favoritos. Criados originalmente como perros de pastoreo, los Aussies pueden ser un poco sobreprotectores con sus dueños. Este comportamiento es fácil de corregir, pero su Aussie debe socializar con otras personas para evitar problemas de comportamiento no deseados. Los Aussies adecuadamente entrenados son grandes perros guardianes y son perros extremadamente leales. Los Aussies son cariñosos y gentiles y se llevan bien con los niños, especialmente con los niños activos.

Deportes y actividades

Los pastores australianos son una raza muy inteligente e ingeniosa. Sobresalen en el entrenamiento de agilidad, en las pruebas de pastoreo y de campo, en el entrenamiento de obediencia, en la caza con señuelo, en el buceo en muelle, en el rastreo y en muchas otras actividades.

Condiciones de vida ideales

Dado que los pastores australianos son perros activos, es importante elegir el tamaño adecuado del Aussie para su espacio vital. Un Aussie estándar probablemente no sea adecuado para el estilo de vida de un apartamento. La buena noticia es que hay versiones más pequeñas que son más adecuadas para espacios de vida más pequeños, como el Aussie miniatura y el Aussie taza de té. El mejor lugar para que viva un Aussie es cerca de un área grande donde pueda jugar. Si vive en la ciudad, puede buscar un parque cercano donde usted y su Aussie puedan jugar. Los compañeros humanos más adecuados de los pastores australianos son las familias, los solteros, los amantes del aire libre y los ganaderos. Debido a la necesidad natural de los Aussies de realizar actividades diarias, los adictos al sofá no tienen por qué solicitarlo.

Problemas de salud

Los pastores australianos pueden vivir entre doce y quince años. Los Aussies están mejor cuando se les proporciona ejercicio y cuidados veterinarios regulares como a cualquier perro. Además, puede preguntar si el criador al que va a comprar ha sometido a los padres y a los cachorros a pruebas para detectar cualquier defecto genético. No tenga miedo de preguntar, ya que es una práctica común entre los criadores profesionales.

Aseo

El aseo de los pastores australianos no es difícil, pero es necesario un aseo regular. Por lo general, esto significa un baño cuando sea necesario y un cepillado regular para controlar la muda del subpelo. Un aseo irregular del pelaje puede provocar una muda excesiva, enredos y esteras.

Hay algunos datos sencillos sobre los pastores australianos que debería leer. Si está pensando en adquirir un Aussie, asegúrese de que puede proporcionarle las condiciones de vida, el aseo, el adiestramiento y los cuidados que necesita.

Dar a su pastor australiano el ejercicio adecuado

El pastor australiano es un perro de pastoreo muy inteligente, entrenable y súper entusiasta. Si no se practica adecuadamente, esta energía reprimida en la casa generará muchas desavenencias. Esta raza de perro necesita correr y es aficionada a ello. Disfrutan arreglando cosas. La obediencia y el adiestramiento de agilidad son métodos estupendos para permitirles utilizar su mente de un modo que no deje sus armarios vacíos ni les lleve a escapar de los patios vallados. Como mínimo, un pastor australiano debería tener 15 minutos de tiempo de carrera sólido dos veces al día. Cualquier otra cosa que no sea eso y dentro de su casa, usted está mirando una posible devastación. Un paseo enérgico es un buen comienzo, pero no espere que gaste toda esa energía.

Lo bueno de los pastores australianos es que son altamente entrenables. Con un poco de tiempo y esfuerzo y un adiestramiento canino sistemático, puede enseñar a su Aussie a agotarse. Esto no sólo proporcionará una liberación de la energía de su querida mascota, sino que también mantendrá su mente activa y estimulada. Además, mantendrá una casa armoniosa, y el disfrute que pase con su pastor australiano creará un vínculo más estrecho.

Hay otras cosas que puede hacer para dar a su pastor australiano un pequeño impulso a su ejercicio diario. Los perros son animales que disfrutan de la compañía de otros perros que amigos de la familia. Encontrar otro compañero de juegos puede ayudar a gastar parte de esa energía. Si tiene hijos y entrena a los niños y a los perros para que jueguen bien, pueden agotarse mutuamente. No querrá que su Aussie muerda a los niños, ni que los niños le tiren del pelo o se pongan demasiado bruscos con el perro, pero debe fomentarse el juego extensivo con un pastor australiano.

Para conducir, es necesario encontrar un espacio. Puede ser un patio trasero vallado o un parque para perros que permita correr y jugar sin correa. Éstas son las mejores y más sanas formas de dejar que el Pastor Australiano corra, pero unas buenas opciones de acondicionamiento físico son una divertida cuerda larga, una tirolina, jugar al tira y afloja, juegos de buscar y correr dentro y fuera de la propiedad, e incluso carreras fuera de la correa y en campo abierto. Tenga en cuenta que debe enseñarles a tener un recuerdo excepcional si deja a su Aussie sin correa. Usted querrá asegurarse de que saben cómo comportarse en una correa si usted va para las carreras o largos paseos en su pastor australiano. Como van a trabajar maneras de salir de ella, usted todavía quiere asegurarse de que el dólar Aussie es seguro. Una regla básica es mantenerlo cerca, pero dejar algo de espacio para que se deslicen cuatro de sus dedos.

También debe tener juguetes para mejorar sus habilidades de resolución de problemas (como un muñeco de felpa para el tratamiento, un muñeco que corre por sí mismo, etc. - sea creativo). Esto hace que sea más fácil para ellos gastar un poco de energía emocional y tal vez darle un poco de descanso. Recuerda que un pastor australiano cansado es un pastor australiano feliz. Prepare una zona de juego segura dentro de la casa, ya que va a interactuar físicamente con su Aussie con regularidad y no quiere que se rompan sus objetos rompibles. Asegúrese de mantener a su cachorro corriendo, adiestrado y obediente, y se acurrucará gustosamente con usted por la noche.

Empiece inmediatamente

Algunas personas no empiezan a adiestrar a sus perros hasta que son adultos, pero esto es un gran error. Cuando su perro es un pequeño cachorro, este periodo representa una oportunidad crucial de adiestramiento, ya que los cachorros jóvenes son muy impresionables. Durante este período, puede establecer la línea de base para gran parte del comportamiento posterior del perro. Sin embargo, hay que tener cuidado, ya que los cachorros pueden sufrir daños fácilmente si el adiestramiento no es adecuado o es demasiado brusco. A partir de las 8 semanas, los cachorros también pueden aprender fácilmente órdenes básicas como sentarse e incluso caminar con la correa. Todo esto debe hacerse con suavidad, sin imponer correcciones duras, pero ayudarán a que su perro adulto sea un sueño.

Sea coherente

Desde que llega a su casa, su nuevo cachorro estará atento a todos sus movimientos y aprenderá de usted todo el tiempo, no sólo cuando "crea" que está entrenando. Es fundamental que sea coherente con sus planteamientos para que su perro entienda claramente lo que espera.

Los cachorros deben aprender inmediatamente los límites, es decir, que no pueden ir a determinadas zonas de la casa. Esto le ayudará más adelante, cuando el perro sea adulto y comprenda las ideas de los límites y sepa que no es el perro alfa; esto es especialmente importante con los pastores australianos, que tienen tendencia a intentar dominar.

Entrene a su perro para que responda a órdenes fundamentales como "abajo" y "espera". Sentarse es fácil de enseñar, ya que es una reacción natural de los cachorros, y la clave es elogiar a su Aussie en cuanto se siente. Recuerde utilizar siempre la misma frase y el mismo tono para enseñar a su perro las órdenes. Las señales de mano también son útiles.

Entrenamiento para ir al baño

El adiestramiento para ir al baño no es difícil si se empieza inmediatamente. Restregar la nariz de su cachorro en su desorden NO es, repito, NO, una buena manera de entrenar a su cachorro. Recuerda que los cachorros tienen poco control de la vejiga y necesitan ir al baño con frecuencia. La clave es dar a tu cachorro descansos regulares para hacer sus necesidades en el exterior y elogiarlo generosamente cuando haga sus necesidades en el lugar correcto. Pronto se hará a la idea de que eso es lo que quieres, y él sólo quiere complacerte. Si pillas a tu cachorro haciendo pis o caca dentro de casa, cógelo inmediatamente y sácalo al césped. Esto refuerza el lugar donde quiere que haga sus necesidades.

Proporcione a su Aussie un lugar propio

Los perros necesitan un lugar propio al que puedan escapar y en el que se sientan seguros, donde no se espere que hagan nada más que descansar. Puede tratarse de una jaula o una perrera, y debe estar equipada con mantas y juguetes. Enseña a tu perro a pasar tiempo en este lugar cuando estés en casa, y luego, cuando estés fuera, estará mucho más seguro.

Capítulo 14: atención sanitaria

Dado que nuestros perros no pueden decirnos cuándo algo va mal o cuándo les falla la vista, es una parte importante del cuidado de la salud canina vigilar sus ojos y estar atentos a cualquier cambio. Los cambios pequeños y graduales pueden dar lugar a problemas más adelante e incluso a la ceguera. El diagnóstico y el tratamiento tempranos de las afecciones oculares salvarán la vista del perro en muchas situaciones.

Un ejemplo de problema que puede causar ceguera es una afección ocular ciega si no se trata a tiempo. Puede tratarse con colirios y pomadas, pero el tratamiento es continuo durante el resto de la vida del perro. Un propietario puede saber si su perro tiene el ojo seco si observa cambios en el color de los ojos de su mascota. Conozca el color normal de los ojos de su mascota y esté atento a cualquier cambio, incluso si sólo es perceptible bajo ciertas luces. Hable con su veterinario lo antes posible sobre cualquier cambio en el color de los ojos.

Debido a los continuos avances que vemos en el cuidado de la salud canina, ahora es posible diagnosticar a los perros como miopes y hipermétropes. Los investigadores han descubierto incluso que algunas razas de perros están predispuestas a la miopía o a la hipermetropía. El rottweiler, el collie, el schnauzer miniatura y el caniche toy tienen un mayor riesgo de padecer miopía, mientras que el pastor australiano, el malamute de Alaska y el Bouvier des Flandres están predispuestos a la miopía.

Vigilar los ojos de su perro es una de las cosas más sencillas que puede hacer para cuidar su salud. Sólo se trata de asegurarse de que sabe lo que es normal para su perro. Si observa síntomas como una secreción en la comisura de los ojos, ojos llorosos o que el perro se da zarpazos en la cara o los ojos, debe consultar al veterinario. Podría salvar la vista de su perro.

Consejos para cuidar y alimentar al pastor australiano

El Pastor Australiano o Aussie es un perro muy ocupado que necesita que su inteligencia lo mantenga satisfecho con mucho entrenamiento y obstáculos. No es un perro de interior, y no le irá bien si tiene que estar dentro de casa. Sería más seguro si tuviera al menos un patio amplio para guardar el contenido de este gato. Aquí es donde el Aussie haría bien si usted vive en una granja o rancho, especialmente si tiene algún ganado que pastorear o algún otro trabajo.

Si no tiene trabajos regulares que lo mantengan ocupado, los juegos competitivos para perros son una forma divertida de mantener al Aussie entretenido. Para este tipo de prácticas, esta raza es uno de los mejores estilos.

Encontrar un veterinario es una de las primeras cosas que hay que hacer después de comprar su nuevo pastor australiano. Lo ideal sería que fuera uno que siguiera la medicina holística o herbaria. En este momento es cuando vas a ponerle las vacunas a tu cachorro si no las tiene ya. Si ya ha recibido esas vacunas, podrá indicarle cuándo le corresponden las siguientes y otras sugerencias de cuidados preventivos.

Además de preservar el sistema inmunitario equilibrado y seguro de su perro, debe asegurarse de mantener sus dientes limpios. Si no tiene los dientes de su perro limpiado correctamente, usted descubrirá que su perro tiene un mal olor y la enfermedad de las encías con el tiempo.

Asegúrese de mantener a su mascota Aussie al día en todos los métodos de control de pulgas y garrapatas que pueda estar utilizando. Para saber qué tratamientos naturales contra las pulgas y las garrapatas existen, consulte con su veterinario. También puede hacer cosas bonitas con artículos del hogar. Asegúrese de revisar periódicamente a su mascota en busca de roedores, especialmente si los perros tienen una amplia zona por la que vagar, como un rancho.

Incluso si tu mascota pastor australiano es un perro puramente de exterior, asegúrate de que tiene un lugar protegido para dormir y de que lo hace sobre algo acogedor. Una cama con virutas de cedro o algo similar repelerá las pulgas y lave la cama semanalmente para deshacerse mejor de ellas.

Como el pastor australiano tiene una cantidad tan grande de pelo, hay que bañarlo regularmente y lavarlo todos los días. El perro mudará y lo limpiará con regularidad, y si le permites entrar en casa, ayudarás a disuadir los nudos y a que se muden en tu casa.

Normalmente, su pastor australiano es muy saludable, especialmente si es un perro de trabajo y requiere una buena alimentación para proteger su bienestar. Si tiene tiempo para preparar la comida usted mismo, saber específicamente qué ha comido y cómo se ha cocinado sería el escenario perfecto. La comida más segura para su mascota es la que es lo más natural posible. Cuando te lo puedas permitir, alimentarles con carne cruda es algo inteligente. Asegúrese de que tiene un alto contenido en proteínas y una menor cantidad de grano si compra la carne. Aliméntalos a la misma hora y en su plato dos veces al día. Después de 20 minutos, recoja su taza. No deberías tener que pensar en que tengan sobrepeso con muchos ejercicios. Como puede ver, tener un Pastor Australiano como mascota necesita un número y garantiza que esté bien cuidado. Para un gato feliz, el ejercicio y el trabajo son potencialmente los ingredientes principales. También hay que asegurarse de que se le da la comida adecuada para que el cuidado del perro sea lo más fácil posible. Ambas cosas le ayudarán a tener un gato seguro y bien adaptado.

Los Aussies miniatura son cada vez más populares. Esta raza de perro procede de la línea del pastor australiano estándar. Aunque algunas personas piensan que los Aussies Miniatura son de raza cruzada, esto no es cierto. El Aussie miniatura es criado intencionalmente para obtener su tamaño, apareando los perros más pequeños de cada camada hasta alcanzar el tamaño deseado. Si está pensando en tener esta raza de perro, lo primero que debe hacer es buscar criadores de pastores australianos miniatura en su región. Un buen criador se asegurará de que sólo tenga mini-Aussies sanos para elegir.

Cuando busque un buen criador, una de las primeras preguntas que debe hacer es sobre el linaje de cualquier camada en particular en la que esté interesado. Esto es muy importante, y el criador debe estar dispuesto a documentar la calidad de la línea de sangre para usted. Así se asegurará de obtener un mini-

Aussie sano con una estructura ósea fina y genes saludables. Lo mejor es que pregunte especialmente por los problemas hereditarios comunes en los mini-Aussies. Esto incluye problemas de ojos, orejas y caderas.

Además, un criador de calidad conocerá la estructura genética de la raza. En lo que respecta a estas cuestiones, el criador debería ser capaz de responder a su pregunta. También es importante que el criador pueda proporcionarle pruebas genéticas para verificar posibles anomalías genéticas. Un buen criador de mini-Aussie hará pruebas a sus perros y debería estar dispuesto a compartir los resultados con usted.

Lo mejor sería buscar criadores de pastores australianos miniatura que puedan proporcionarle una prueba de las vacunas y los cuidados veterinarios regulares.

Los criadores de pastores australianos miniatura de buena reputación también permiten las visitas personales de los compradores potenciales. Los grandes criadores fomentan las visitas personales antes de realizar la compra. Esto es muy importante, sobre todo si va a comprar a un vendedor online. De este modo, podrá asegurarse de que el anuncio online es real. Evite comprar mini-Aussies a criadores online que insisten en enviarle el cachorro sin pedirle que lo conozca.

Cuando visites al criador, observa el entorno en el que viven los cachorros. Las instalaciones deben parecer limpias y en buen estado. Debería ser obvio que el desorden se limpia rápidamente. Un buen criador debe ser capaz de satisfacer las necesidades de territorio y actividad de los cachorros. En el caso de los mini-Aussies, un buen criador debe proporcionar a los cachorros un entorno espacioso, ya que los pastores mini-Australianos necesitan mantenerse activos durante todo el día. Asegúrese de que se satisfacen las necesidades psicológicas y fisiológicas de los perros. Asegúrese de que el criador de Aussies dispone de espacio suficiente para que el Aussie pueda socializar y jugar. Un buen criador también debería ofrecer asistencia para el adiestramiento y el cuidado del cachorro mini-Aussie.

Lo mejor sería que también buscara un criador apasionado por la raza. Este tipo de criador suele participar activamente en diferentes clubes de pastores australianos en miniatura. Los criadores de renombre también suelen inscribir a sus mini-Aussies en pruebas de obediencia, pruebas de agilidad y otras competiciones. Un criador que participa en estas actividades confía en la salud y el rendimiento de su perro.

Es posible que el criador tenga incluso algunas preguntas para usted cuando haya terminado con todas estas preguntas. Esto es un indicio positivo. Un criador de éxito se asegurará de que sus cachorros estén bien situados en hogares con los cuidados adecuados y el funcionamiento que se espera de un Aussie.

CPSIA information can be obtained
at www.ICGtesting.com
Printed in the USA
BVHW061928220321
603177BV00010B/647

9 781802 171570